신성종 목사

핵심스마트설교 ❷

환상을 가진 젊은이들

신성종 목사 지음

도서출판 한글

‖ 머리말 ‖

당신은 왜 사는가?

신성종 목사(크리스천 문학나무 편집인)

우리가 살다 보면 왜 사는지 종종 잊을 때가 있다. 그래서 가끔은 자신에게 나는 왜 사는가 하고 물어볼 필요가 있는 것이다. 사실 산다는 것은 생각처럼 간단하지 않다. 많은 일들이 연결되기 때문에 마침내는 삶의 목적과 목표를 혼동할 수가 있다. 그래서 많은 사람들이 불행해지고 인생에 실패를 한다. 나는 아침에 일어나면 오늘은 무엇을 해야 할 것인가 하고 그날의 계획을 세워 본다. 가장 좋은 방법은 묵상기도를 통해 자신의 모습을 살펴보면서 나를 향한 하나님의 뜻을 찾으면서 목표를 세우는 것이다.

여기서 중요한 것은 인생의 목적과 목표는 다르다는 점을 분별하는 일이다. 목적은 내 인생의 궁극적 이유를 말하는 것이고, 목표란 그 목적을 이루기 위한 구체적인 수단과 방법을 말하는 것이다. 목적은 추상적인 것이 일반적이지만 목표는 구체적인 것이 특징이다. 그러나 많은 사람들은 이 목적과 목표를 혼동한다. 그래서 돈 버는 일에 일생을 다 허비하고 사업을 한다고 허비를 한다. 그러다가 늙고 죽을 때가 되어서야 내가 살아온 목적이 잘못된 것을 발견하고 후회를 하지만 그때는 이미 늦는다. 필자는 대학에 들어간 후에는 등록금을 벌기 위해서 가정교사를 하기도 하고 미국에 가서는 방학 때 농장에 가서 노동을 하기도 했다. 정원에 가서 풀을 깎기도 하고, 식당에 가서 접시 닦는 일을 하기도 했다. 그러나 등록금을 번 후에는 다시 공부하는데 전념했다. 박사 학위를 받은 후에는 가르치고 책을 쓰기 위해서 공부를 지금도 계속하고 있지만 다행히도 목적과 목표를 혼동하지는 않았다. 그러나 방황이 전혀 없었다고 하면 그것은 거짓이다. 그래서 노년이 되어 자신을 살펴보면 남들처럼 벌어놓은 재물은 없지만 한 번도 굶은 적은 없었다. 빈손으로 왔다가 빈손으로 가는 인생이니 후회는 없다. 그러다 보니 그동안 4만여 권의 책을 읽었고 백사십 권이 넘는 책을 썼다.

나의 인생의 목적은 나의 설교와 강의와 글을 통해 하나님의 영광을 드러내려고 최선을 다한 것이다. 내가 살아온 것이 성공인지 실패인지는 후세가 평가하겠지만 확실한 것은 곁눈질하지 않고 열심히 외길로 살아왔다고 생각한다.

나는 목표를 시간적 순서에 따라 정한다. 어떻게 보면 좀 따분한 삶이기는 하지만 그러나 후회는 없다. 지금까지 살아온 대로 다시 살라고 하면 그렇게 열심히 살 것 같지는 않다. 하나님께 영광이란 목적을 위해 때로는 목회를 했고, 때로는 학교에서 강의를 했고, 선교를 하기도 하였다. 나의 잡념을 정리하기 위해 시를 쓰다가 시인으로 등단하기도 했다.

사랑하는 형제자매들이여, 당신들의 삶의 목적은 무엇이며 그것을 이루기 위해서 어떤 목표를 세우고 있는가? 과연 당신의 목표가 목적과 상충되지는 않는가? 우리들의 삶의 목적은 하나님이 기뻐하시는 것인가? 목표는 당신의 목적과 직접 연결이 되고 있는가? 혹시나 방황하고 있지는 않는가? 인간이 산다는 것은 간단하지 않기 때문에 방황할 때도 없지 않지만 그러나 그것이 하나님께서 기뻐하시는 것인가를 자신에게 자주 물어보아야 한다.

그때 필요한 것이 묵상기도이다. 많은 사람들은 예배 때만 묵상기도하는 것으로 알고 있지만 아침마다 일어나서 매일 매순간 점검해 보지 않으면 허송세월을 할 수 있음을 잊지 말자.

이번에 심혁창 장로님의 도움으로 그동안 내가 설교했던 내용들을 모아 수십 권의 책들을 출판하게 된 것을 주님께 감사한다. 별로 잘 쓴 글들은 아니지만 많은 후배 목사들에게 자신의 설교와 비교해 보고 또 요약해서 자신이 살을 붙이면 좋은 자신의 설교가 되리라 믿고 감히 나의 치부들을 내놓는다. 일반 성도들은 가족들과 함께 큰소리로 읽어보면 큰 은혜가 될 것이다.

작은 종 신성종 드림.

목 차

내가 온 것은?

(요10:7-21)

　예수님이 이 땅에 오신 것은 크게 두 가지의 목적이 있었기 때문입니다. 첫째는 양으로 생명을 얻게 하고, 둘째는 더 풍성히 얻게 하려는 것입니다. 오늘은 예수님이 이 땅에 오신 두 가지의 목적을 함께 살펴보면서 함께 은혜를 나누려고 합니다.

1. 예수님이 이 땅에 오신 목적

　예수님이 이 땅에 오신 첫 번째 목적은 양으로 생명을 얻게 하려는데 있습니다. 여기서 중요한 것은 주님이 모든 사람들을 다 구원하기 위해서 오신 것이 아니라 양으로 생명을 얻게 하려는 데 있다는 점입니다. 다시 말하면 택한 자들을 구원하시기 위해서 이 땅에 오셨다는 말입니다. 이것은 하나님의 섭리에 속한 것이요 신비한 것이기 때문에 인간의 이론으로 생각하는 것은 결국 본래의 뜻을 그르칠 염려가 많습니다. 쉽게 말하면 양이란 주님을 믿는 자들을 말하는 것입니다.

　그러면 생명이란 무엇입니까? 성경에서 생명이란 단어는 대단히 위대한 단어 중에 하나입니다. 헬라어로 '조에'라고 하는데 이것은 때때로 영생이란 단어와 같은 뜻으로 사용되기도 합니다. 다르다면 미래에 누리게 될 영생이 아니라 현재에 누리게 되는 영생을 뜻하는 말입니다. 그래서 생명이란 단어는 단순히 존재한다는 뜻이 아닙니다. 깊은 뜻이 있는 말입니다.

(1) 생명이란 저주와 죽음으로부터 건짐을 받는 것을 말합니다.

그러나 인간은 죄로 인해서 저주를 가지고 태어났습니다. 다시 말하면 죽기 위해서 태어났다는 말입니다. 그러나 하나님은 믿는 자들에게 놀라운 축복을 예비하여 놓으셨습니다. 바로 우리를 저주와 죽음으로부터 건져주신다는 말입니다.

(2) 생명이란 영생이란 말입니다.

생명이란 말을 영생이란 말과 동일시해서 쓰고 있는 책이 바로 요한복음입니다. 인간이 죽는 것은 죄로 인한 결과입니다. 본래 하나님은 인간들에게 영혼을 창조 때 넣어주심으로 영원히 살도록 만드신 것입니다.

(3) 생명이란

생명이란 보호하심을 받는 것이요, 참 기쁨과 즐거움의 삶을 누리는 것을 말합니다.

(4) 삶의 목적은

무엇보다도 중요한 것은 생명이란 삶의 목적이 있고, 비전이 있고, 의미가 있고, 보람이 있고 뜻이 있는 삶을 뜻하는 말입니다. 그러므로 성경이 말하는 참 삶을 누리기 전에는 그것은 동물적 삶에 불과합니다. 사람이 동물과 다른 것은 삶에 목적이 있고 뜻이 있고 보람이 있다는데 있는 것인데 그것이 바로 요한복음이 말하는 생명입니다.

2. 이런 생명을 어떻게 얻습니까?

(1) 오직 예수 그리스도 안에서만

생명은 오직 예수 그리스도 안에서만 얻을 수 있습니다. 주님을 떠나서는 참 생명을 아무데서도 얻을 수 없습니다. 예수 밖에 있는 생명은 그냥 존재일 뿐 참 생명이 아닙니다. 참 생명은 하나님 안에만 있고 예수 안에만 있습니다. 따라서 동물은 그저 존재할 뿐 참 생명이 없습니다. 왜냐하면 어떤 의미도 없고, 사명도 없기 때문입니다. 의미와 사명이란 주님 안에서만 얻어지는 것입니다.

(2) 믿음으로써 얻는 생명

생명은 예수 그리스도를 내가 믿음으로서만 얻을 수 있습니다. 여기서 중요한 것은 믿는다는 것만으로는 부족하다는 것입니다. 믿음에는 대상이 바로 되어 있어야 하고, 내가 믿어야 하는 것입니다. 이 두 가지 요소가 확실해야 합니다.

우리는 믿음이 약하다는 말을 가끔 듣는데 그것은 믿음을 사용하지 않고, 그것을 묻어둘 때 생기는 현상입니다. 요즈음 운동에 대한 관심이 참 많습니다. 그런데 이 운동은 계속하지 않으면 마음뿐이고 몸이 따라주지 않습니다. 그래서 운동하는 사람은 계속해서 해야 합니다. 마찬가지로 믿음도 하나님이 순종을 요구할 때에 그것을 실천에 옮기지 못하면 그것은 아무 소용이 없습니다. 행동하는 믿음만이 강합니다. 그런 믿음의 소유자가 되어서 참 생명을 얻을 수 있기를 축원합니다.

3. 풍성한 삶을 주시려고

예수님이 이 땅에 오신 두 번째 목적은 더 풍성히 얻게 하려 하심이라는 것입니다. 이상한 것은 대부분의 성도들이 예수 믿으면 구원함을 받는다는 것은 믿으면서 주님이 이 땅에 오신 두 번째 목적인 풍성한 삶은 의심합니다. 왜냐하면 실제로 날마다의 삶속에서 풍성한 삶은 쉽지 않거든요. 그러나 성경에 기록된 대로 주님을 통해서 풍성한 삶을 누리게 된다는 것을 믿으시기 바랍니다.

에베소서 3:20절에 보면 하나님을 '더 넘치도록 능히 하실 이'라고 했습니다. 믿습니까? 문제는 나 혼자 잘 살고, 나 혼자 배불리 먹고, 나 혼자 쾌락을 누리려고 하기 때문에 문제입니다. 우리는 필요하다면 다 부자들이 되어야 합니다. 그러나 그것은 나 자신을 위해서가 아니라 하나님의 영광을 위해서 많은 사람들에게 부를 나누어주기 위해서 선한 일을 하고, 교회를 통하여 그 부를 가난한 사람들에게 나누어주기 위해서 우리는 부자가 되어야 합니다. 사실 참 부자들은 가난하고 소박한 생활을 하고 있습니다. 우리 교회 안에서도 선한 일을 하는 분들을 보면 다 소박한 생활을 하고 있습니다.

그러면 풍성한 삶이란 무엇입니까? 영어로 풍성한 삶이란 abundant life라고 하는데 ab(라틴어에서는 from의 뜻+undare;흘러넘친다. 파도를 일으킨다는 뜻)에서 온 말입니다.

(1) 의미 있는 삶

의미가 있는 삶이란 목적이 있는 삶입니다. 방향이 있는 삶입니다. 그런데 삶의 목적은 오직 인생을 창조하신 분만이 주실 수 있습니다. 따라서 나의 목적이란 참 목적이 될 수 없습니다. 하나님께서 내게 주신 목적 그것이 바로 인생의 목적입니다.

사람들은 성공하기를 원합니다. 물론 우리들은 성공해야 합니다. 그러나 내 뜻을 이루는 것이 성공은 아닙니다. 나를 창조하신 하나님의 뜻을 이루는 것이 바로 성공입니다. 나를 창조하신 분의 뜻이 바로 우리의 삶의 목적입니다.

(2) 물질적 풍성

물질적으로도 풍성한 삶을 주님은 약속하십니다. 즉 물질적으로 풍성한 삶이란 두려움과 굶주림에서 자유함을 받는 것을 말합니다. 하나님은 우리가 물질적으로도 풍성한 삶을 살도록 모든 필요한 것들을 다 창조하셨습니다. 그러나 현실적으로는 가난한 사람들이 참 많습니다. 왜 인간이 가난하게 살고 있습니까?

1) 그것은 인간들이 욕심을 내어 몇 사람들이 독차지하기도 하고, 서로 빼앗으려고 싸우느라고 전쟁으로 소모하기 때문입니다. 지금은 몇 나라가 거의 독차지 하고 있기 때문입니다. 인간이 가난하게 살게 된 것은 죄를 짓기 때문이고, 욕심을 너무 부리기 때문입니다. 무슨 죄가 제일 큽니까? 우상숭배입니다. 무엇이 우상숭배입니까? 하나님보다 더 사랑하는 것이요, 탐욕이 바로 우상숭배입니다.

2) 잠언 22:4절에 보면 "겸손과 여호와를 경외함의 보응은 재물과 영광과 생명이니라"고 했습니다. 겸손하지 못하고, 믿음이 부족하기 때문입니다.

(3)하나님의 경영철학으로 사업을 하지 않기 때문입니다. 잠언 16:3절에 보면 "너의 행사를 여호와께 맡기라. 그리하면 너의 경영하는 것이 이루리라"고 했습니다.

이제 바라기는 우리 교회에 나오는 성도들은 물질적으로도 다 부자가 되어서 선교도 하고, 교육도 하고, 전도도 하고, 구제사업도 많이 하는 그런 성도들이 다 되시기를 축원합니다.

(3) 영적 풍성함

그러나 하나님이 더 원하는 것은 영적으로 풍성한 삶입니다.

왜냐하면 영적 풍성함이 물질적 풍성함보다 더 중요하기 때문입니다. 영적 풍성함은 영원하여 하나님의 나라에까지 이르지만 물질적 풍성함은 이 땅에서 끝나기 때문입니다.

그러면 무엇이 영적으로 풍성한 삶입니까? 영적인 열매를 맺는 삶입니다. 사랑과 희락과 화평과 오래 참음과 자비와 양선과 충성과 온유와

절제의 삶을 말합니다.

어떻게 영적 풍성함을 누릴 수 있습니까? 마태복음 5장에 보면 팔복을 말씀하고 있는데 놀라운 것은 영적 풍성함은 물질적 축복과는 서로 대조가 되는 것이 많습니다. 사람도 보면 육적으로 풍성한 사람들이 있습니다. 박찬호처럼 야구의 운동을 잘해서 타이거 우즈처럼 골프를 잘 쳐서 돈도 벌고, 인기도 얻는 경우가 있습니다. 그러나 더 귀하고 좋은 것은 지식으로 많은 사람들을 돕는 사람들입니다. 바로 노벨상이 이런 사람들을 위해서 주는 것입니다. 그러나 가장 소중한 것은 영적으로 많은 사람들을 돕는 사람들입니다. 테레사 수녀가 바로 그런 사람입니다. 빌리 그래함이나 선교사들이 바로 그런 사람들입니다.

과연 우리는 무엇을 통해서 하나님께 영광을 돌리고 남들에게 도움을 줄 것입니까? 우리는 무엇을 이 땅에 남기겠습니까? 우리는 어떤 열매를 맺어서 후손들에게 줄 것입니까? 하나님이 우리들에게 주신 언약의 하나는 축복의 근원이 되라는 것입니다. 축복의 전달자가 되라는 것입니다. 따라서 우리들이 무엇인가 하나님의 주신 사명없이 산다면 그것은 무의미한 삶이요 존재일 뿐입니다. 그러므로 우리는 축복의 근원이 되어야 합니다.

맺는 말

이제 설교를 맺으려고 합니다. 우리에게 꼭 필요한 것은 첫째는 구원함을 받는 것이요 다른 하나는 풍성한 삶을 사는 것입니다. 풍성한 삶이란 물질적인 것만이 아닙니다. 영적인 삶이 있어야 합니다. 영적으로 열매를 맺는 삶을 살아야 합니다. 그래서 저와 여러분들에게 하나님의 축복과 보호하심과, 인도하심이 넘치기를 축원합니다.

썩는 양식을 위하여 일하지 말고

(요6:22-33)

사람은 누구나 다 일을 하지만 일하는 목적과 의미는 다 다른 것입니다. 그러면 이 일의 의미는 무엇일까요? 창 3:17절에 보면 아담과 하와가 선악과를 따먹은 후에 하나님은 아담에게 "너는 종신토록 수고하여야 그 소산을 먹으리라"고 하셨습니다. 다시 말하면 일이란 선악과를 따먹은 아담에게 주신 심판이었습니다. 그러나 일은 단순히 심판에만 그친 것은 아닙니다. 일 자체는 에덴동산을 상실한 아담에게는 일은 소극적으로는 에덴상실의 슬픔을 잊게 해주고, 적극적으로는 일을 하는 기쁨, 창조하는 기쁨과 보람을 느끼게 해주는 것입니다. 그러므로 일은 단순히 돈을 벌고, 사는 수단만은 아닌 것입니다.

신자들이 범하는 가장 큰 죄는 설교를 듣는 것으로 만족하고 듣는 것 자체가 목적이 되고 있다는 점입니다. 그래서 오늘은 설교를 듣는 자들이 아니라 말씀대로 사는 성도들이 다 되어야 합니다. 사는 것이 더 중요한 것입니다. 그래서 위로는 하나님께 영광이 되고, 다른 사람들에게는 유익을 주고, 우리 자신들에게는 기쁨과 보람이 될 수 있기를 축원합니다.

따라서 오늘은 무엇을 위해서 일을 할 것인가의 주제를 가지고, 함께 은혜를 나누려고 합니다.

1. 부정적인 면에서 썩는 양식을 위해서 일하지 말아야 합니다.

(1) 썩는 양식이란 무엇인가?

얼마 전 한국에서의 가치관이 무엇인가를 통계로 내었는데 그 결과는 '돈은 많을수록 좋다'는 물질주의적인 성향으로 나타났습니다. 미국에 계신 분들은 죄송합니다만 더합니다. Money talks(돈이 말한다)란 말이 바로 그 철학을 말해 줍니다. 심지어 종교를 갖는 목적도 1) 위로, 2) 친구, 3) 위신, 4) 많은 투표로 나타났습니다. 따라서 모두가 자기 중심적인 생활을 하고 있는 것입니다.

그래서 주님은 그를 따르는 자들을 너희가 나를 따르는 것은 "떡을 먹고 배부른 까닭이로다"고 비판하신 것입니다. 그렇다면 왜 우리는 교회에 나오는 것일까요? 자신의 목적을 분명히 물어보아야 할 것입니다.

(2) 왜 사람들은 썩는 양식을 위해서 일하는가?

우선 살기가 급하기 때문입니다. 사실 미국에서는 우리가 소수민족에 속하기 때문에 사는 것 자체가 어렵습니다. 다음에는 그것이 편리하기 때문입니다.

미국에 사는 우리들의 철학은 'Easy going'(편하게 사는 것)입니다. 저는 이것이 전혀 나쁘다고만 생각지는 않습니다. 저같이 일 중독증 (work-holic)의 병에 걸린 사람들에게는 그런 것이 좀 필요합니다. 그러나 이 easy going이 우리의 사고방식이 되어버리면 희생이나 주는 것은 없어지고야 맙니다. 그러나 인생의 참 기쁨은 주는 데서 오고, 희생하는 데서 옵니다.

(3) 썩는 양식을 위해서 일하지 말라는 뜻은 무엇인가?

무엇보다도 직장을 그만두라는 말은 아닙니다. 1992년 10월 28일 밤 12시에 예수님 껫 공중 재림 한다고 사람들을 미혹케 했던 이장림이 다미선교회를 만들었을 때 한국 교회들은 긴장하지 않을 수 없었습니다. 그때 저는 극동방송과 기독교계의 신문들을 통해서 그 이론이 왜 신학적으로 오류가 있는가를 생방송으로 호소한 적이 있었습니다. 문제는 주님 재림하시니까 직장에 나갈 필요가 없다, 은행에 적금이나 저축을 할 필요가 없다, 대학에 갈 필요가 없다고 모두들 정상적인 생활을 포기하고 있기 때문이었습니다. 그러므로 우리는 내일 종말이 온다 해도 오늘 사과나무를 심는 성실한 삶이 필요합니다.

그러면 썩는 양식을 위하여 일하지 말라는 뜻은 무엇입니까?

첫째로 땅의 것에 최고의 가치를 두고, 땅의 것만을 추구하는 황금만능주의나 권력만능주의나 물질주의를 버리라는 뜻입니다. 땅의 부나, 육체적 쾌락이나, 세상에서의 갈채를 추구하는 자세를 버리라는 것입니다.

둘째는 이 세상이 인간의 마지막 종착역이 아니라는 말씀입니다. 우리는 다만 잠깐 왔다가 가는 나그네요, 이 세상은 여관일 뿐이란 것입니다.

셋째로 썩는 양식을 위해서 일하지 말라는 것은 이 세상에서의 것을 위해서 사는 것은 불확실하고, 위험하고, 언젠가 죽음이 올 때에는 다 빼앗기게 되기 때문입니다.

2. 영생하도록 있는 양식을 위해서 일하라.

(1) 영생하도록 있는 양식이란 무엇인가?

크게 세 가지를 말합니다. 첫째는 영혼을 영원히 살리는 하나님의 말씀이 바로 영생하도록 있는 양식입니다.

둘째는 말씀 자체이신 주님이 바로 영생하도록 있는 양식입니다.

셋째는 우리가 믿음으로 소유하게 되는 영생이 바로 영생하도록 있는 양식입니다.

우리는 과연 하나님의 말씀과 말씀 자체인 주님과 영원한 생명을 위해서 무엇을 했으며 무엇을 주었으며 무엇을 희생했습니까? 혹시나 우리는 단순히 신앙이 장식품이나 이차적인 것은 아닌지 두렵습니다.

(2) 왜 우리들은 영생하도록 있는 양식을 위해서 일해야 하는가?

첫째는 주님께서 영생하도록 있는 양식을 위해서 일하라고 말씀하셨기 때문입니다. 주님이 그렇게 말씀하신 것은 거기에 우리의 영원한 기쁨이 있고, 거기에 우리의 영원한 행복이 있기 때문입니다.

둘째는 우리가 세상에서 저축을 해야 부자가 되고 어려울 때 도움이 되듯이 영생하도록 있는 양식을 위해서 일해야 천국에서 부요한 자가 되기 때문입니다.

셋째는 영생하도록 있는 양식을 위하여 일할 때에 이 땅에서도 참 보람과 기쁨이 될 뿐 아니라 소망이 되기 때문입니다.

(3) 어떻게 할 때에 영생하도록 있는 양식을 위해서 일할 수 있는가?

첫째는 주님을 믿는 것이 바로 하나님의 일입니다. 많은 사람들은 구원을 받기 위해서 무엇인가 해야 한다고 믿고 있습니다. 과거 유대인들은 물론 지금 불교신자들이나 이슬람교 신자들이나 심지어 천주교 신자들까지 그렇게 믿고 있습니다.

성경에도 그런 예는 많이 있습니다. 우물가의 여인(요4장)이 바로 그런 인물이었습니다. "주여 물길을 그릇도 없고, 이 우물은 깊은데 어디서 이 생수를 얻겠삽나이까?"(요4:11). 또 눅 18:18절에 나오는 젊은 관원이 바로 그런 사람이었습니다. 그래서 그는 "선한 선생님이여, 내가 무엇을 하여야 영생을 얻으리이까?" 하고 주님께 질문하였습니다. 빌립보의 간수도 그런 류의 사람이었습니다. "선생들아, 내가 어떻게 하여야 구원을 얻으리이까?"(행16:30). 또 오순절의 유대인들이 바로 그런 사람이었습니다. 그래서 "형제들아 우리가 어찌할꼬? 하고 물은 것입니다."

그러나 구원의 참 의미가 빌레몬서에 아주 잘 표현되어 있습니다. 빌레몬에게는 오네시모라는 종이 있었습니다. 이 종이 어떤 이유에서였는지는 모르나 도망을 갔습니다. 당시의 법으로는 종이 도망을 가면 사형에 큰 죄가 됩니다. 그런데 그 오네시모가 바울을 통해서 예수 그리스도를 영접하게 되었습니다. 바울은 오네시모를 다시 빌레몬에게 보내면서 18절에서 유명한 말씀을 합니다. 그에게 계산할 것이 있으면 '이것을 내게로 회계하라' 갚을 빚이 있으면 바울이 대신 갚을 것이란 뜻입니다. 그런데 주님은 저와 여러분들이 저지른 모든 부채를 '다 내게로 회계하라, 내가 계산할 것이다.'라고 하면서 우리를 빚 없는 사람으로, 죄 없는 사람으로 만들어주신 것입니다. 이것이 바로 하나님의 은혜입니다.

3. 하나님의 일은 무엇인가?

(1) 29절, "하나님의 보내신 자를 믿는 것이 하나님의 일이니라"

다른 말로 말하면 예수 그리스도를 믿는 것이 바로 우리가 해야 할 하나님의 일이란 말입니다.

(2) 믿는다는 것은 무엇인가?

믿는다는 것은 우리의 모든 부채를 예수님의 통장에 넣는 것을 말합니다. 저는 크레디트(credit)가 없기 때문에 미국에서 자동차를 살 수가 없었습니다. 그러나 크레디트가 있는 분이 코사인(cosign)을 해서 제가 갚지 못할 때에 그 코사인한 분이 대신 갚는다는 약속 밑에서 자동차를 살 수가 있었습니다. 저는 여러분들도 천국에 들어갈 자격이 안 됩니다. 그러나 예수님이 내가 대신 갚아주마 하고 약속을 하였기 때문에 즉 예수님이 코싸인을 했기 때문에 하나님께서 그러면 허락 하마 하고 영생을 주신 것입니다.

(3) 끝으로 그러면 하나님의 일 가운데 우리가 해야 할 것은?

첫째는 주님을 믿는 믿음이 더욱 성장하도록 열심히 말씀을 연구하고, 쉬지 않고 기도하고 주님의 몸된 교회에서 섬기는 일을 하는 것입니다.

둘째는 주님께서 하셨던 세 가지의 일, 즉 복음을 전하는 것과 가르치는 것과 귀신을 쫓아내는 이 세 가지의 일입니다.

내 아버지의 뜻은

(요6:34-40)

　최근 영국의 과학자들이 양들을 복제하는데 성공함으로 전 세계를 흥분케 하고 있습니다.

　물론 전에도 올챙이나 쥐를 복제하는 데는 성공했으나 인간과 똑같은 포유동물인 양을 복제하였다는 것은 인간도 복제가 가능하게 되었다는 뜻이기 때문에 의학 윤리상 과연 이것이 바람직하냐 아니면 어떤 사회적 문제가 생길 것인가 하는 문제로 앞으로 과학과 교회와의 싸움이 일어나게 되었습니다.

　과거의 과학과 교회와의 전쟁은 코페르니쿠스의 지동설 문제로 심각했으나 결국 교황청의 무지로 결론이 났습니다. 그러나 인간복제 문제는 아주 심각합니다. 과연 복제 인간에게도 영혼이 있는가? 또 복제인간도 구원을 받을 수 있는가? 하는 문제로 우리 사회에 끼치는 신학적 영향이 심각할 수밖에 없습니다.

　다시 말하면 이런 복제가 하나님의 뜻에 부합되는가? 아니면 타락한 인간의 범죄적 행위인가? 하는 문제가 대두되는 것입니다. 이런 시점에서 우리의 아버지 되신 하나님의 뜻이라는 제목으로 생각해 보면서 저와 여러분들의 삶이 정말 하나님의 뜻에 부합되고 하나님이 기뻐하시는 삶이 될 수 있기를 축원합니다.

1. 먼저 하나님의 뜻과 사람의 생각의 차이점을 분별하는 지혜가 필요합니다.

현대의 심리학은 인간이 내리는 결정을 하나의 개성의 표현이라고 말합니다. 그러나 진정한 의미에서 결정은 의지의 결단인 것입니다. 따라서 결정을 단순히 개성의 표현으로만 보는 현대 심리학의 경향은 큰 잘못입니다.

사실 많은 경우에 내 생각과 하나님의 뜻을 자기 마음대로 결정하고 사용하는 경우가 많습니다. 그러면 하나님의 뜻이란 무엇입니까? 흔히 하나님의 뜻을 영원하신 뜻, 혹은 기쁘신 뜻이라고 부르는데 하나님의 계획과 뜻은 절대주권에 속하는 것이기 때문에 아무것에도 제한을 받지 않습니다. 그러나 중요한 것은 하나님의 뜻은 하나님의 거룩하심과 의와 선과 진실하심과 항상 조화를 이루어가는 것입니다. 그러므로 인간의 변덕과는 전혀 다릅니다.

그러면 어떻게 하나님의 뜻을 알 수 있습니까? 물론 기록된 말씀인 성경을 통해서 알 수 있습니다. 또 말씀 자체이신 주님을 통해서 알 수 있습니다. 그래서 우리는 항상 '주님이 나와 같은 입장에 있다면 어떻게 할까?' 하고 물어볼 필요가 있습니다. 그래도 알 수 없을 때 환경을 통해서 하나님은 그의 뜻을 보여주십니다.

(예화) 한 가난한 소년이 있었습니다. 학교에 다닐 만큼 돈도 없고, 공장에 들어가 일할 만큼 기술도 없었습니다. 그래서 생각한 것이 사진 기술을 배워서 살아야겠다고 생각했습니다. 겨우 돈을 모아 사진술을 엮어놓은 책을 주문하였습니다. 그런데 어떤 실수인지 사진술에 관한 책이 오지 않고 발성법에 관한 책이 왔습니다. 다시 우송하려고 하니 우송할 돈도 없고 또 방법도 몰랐습니다. 실망이 이만저만이 아니었습니다. 하나님

께 기도하였습니다. 모든 것을 다 하나님께 맡기고 하는 수 없이 책을 가지고 발성법을 공부하기 시작하였습니다. 마침내 그는 그 책을 통해서 세계적으로 유명한 성악가가 되었습니다. 그의 이름은 차리 맥카시입니다. 하나님의 뜻일 경우에는 실수를 통해서도 역사하십니다. 그러므로 중요한 것은 바른 신앙을 가져야 합니다. 하나님의 뜻을 분별할 줄 알아야 합니다.

그러나 문제는 인간은 형식화될 가능성이 많습니다. 이사야서를 보면 왜 유다가 바벨론의 포로로 잡혀갔는가? 그 이유는 크게 두 가지입니다. 첫째는 하나님 외에 다른 우상을 섬겼다는 것이고, 둘째는 종교가 형식화되어서 입으로는 하나님을 가까이 하고, 입술로는 하나님을 존경하지만 실제로는 하나님을 떠나 있었기 때문입니다. 셋째는 하나님의 말씀을 버리고 자행자지하였기 때문입니다. 그래서 이것을 깨달은 이스라엘은 바벨론 포로 이후에 율법에 대한 연구가 시작된 것입니다.

오늘 우리는 내가 하고 있는 것이 과연 하나님의 뜻과 일치되고 있는가를 살펴보아야 합니다.

그러면 인간의 생각은 어떤 것입니까?

하나님의 생각과는 전혀 다릅니다. 그래서 이사야 선지자는 '내 생각은 너희 생각과 다르며, 내 길은 너희 길과 다르다'(사55:8)고 했습니다. 과연 저와 여러분들은 내 생각은 하나님의 뜻과 일치된다고 장담할 수 있습니까? 그럴 수 있기를 바랍니다. 그래야 우리들은 복을 받고, 행복과 보람이 있습니다.

영국의 유명한 아프리카 선교사였던 리빙스톤은 사람의 생각으로 왕이 되기보다는 하나님의 뜻 가운데 아프리카로 가는 것이 낫다고 했던 것입니다. 왜 그럴까요? 잠언 16:1절에 "마음의 경영은 사람에게 있어도 말의 응답은 여호와께로서 나느니라"고 했고, 9절에서는 "사람이 마음으로 자기의 길을 계획할지라도 그 걸음을 인도하는 자는 여호와시니라"고 했기 때문입니다. 그러므로 자기의 생각대로 모든 것이 된다고 생각해서는 안 됩니다.

2. 우리를 향하신 하나님의 뜻은 무엇입니까?

(1) 지상명령인 복음을 땅 끝까지 전하는 것입니다.

첫째는 주님의 지상명령인 복음을 땅 끝까지 전하는 것입니다. 이것은 지난 선교주일에 말씀을 드렸기 때문에 반복을 피하려고 합니다. 다만 우리는 내가 직접 '가든가 아니면 보내야' 합니다.

(2) 땅을 정복하라고 했습니다.

다음은 하나님께서 우리들에게 말씀하신 "땅을 정복하라" 즉 땅을 경작하라, culture하라, 즉 문화명령입니다. 본래 인간은 하나님의 형상대로 지음을 받았기 때문에 창조적인 면이 있습니다. 그러나 문제는 영적인 존재로 다시 회복하지 못할 때 인간은 파괴적이 되고 맙니다.

따라서 모든 인간은 다 창조본능과 파괴본능을 동시에 갖고 있습니다. 그러므로 우리는 거듭나야 하고, 변화되어야 합니다. 그렇지 않고는 우리는 파괴적인 인간성 때문에 하는 일마다 죄요 우상이요 욕심이요 정욕적이요 이기적이 될 수밖에 없는 것입니다.

기억할 것은 이 문화명령은 복음전파의 명령보다 먼저 주셨다는 것입니다. 따라서 문화명령은 인간의 근본적인 명령입니다. 그러나 인간이 범죄한 후에는 복음전파 명령을 우선적으로 한 것은 순서상 그런 것이지 사실은 문화명령이 덜 중요해서가 아닙니다. 오늘도 우리가 해야 할 가장 중요한 사명의 하나는 문화명령인 것을 기억하고 하나님의 문화를 창조하는 저와 여러분들이 되시기를 축원합니다. 다시 말하면 문학을 하는 것은 하나님의 지상명령입니다.

　(3) 항상 기뻐하고 쉬지말고 기도하고 범사에 감사해야.

　셋째는 개인적으로 살전 6:16-18절의 말씀대로 항상 기뻐하고 쉬지 말고 기도하고, 범사에 감사하는 생활을 하는 것입니다. 왜냐하면 "이는 그리스도 예수 안에서 너희를 향하신 하나님의 뜻이니라"고 분명히 말씀하셨기 때문입니다. 과연 우리는 항상 기뻐하고 있습니까? 아니라면 무엇 때문일까요? 우리가 찾고 있는 기쁨이 그릇된 것이기 때문입니다. 또 우리는 하나님의 뜻을 찾기 위해서 쉬지 않고 기도하고 있습니까? 아니면 기도하기를 쉬는 죄를 범하고 있지는 않습니까? 무엇보다도 감사하는 생활을 하고 있습니까? 감사와 불평은 종이 한 장 차이입니다. 그러나 그 결과는 정반대입니다. 천국의 특징은 감사가 있느냐 없느냐에 따라 다릅니다. 천국에서는 만나는 사람들마다 서로 감사합니다. 그러나 지옥에는 만나는 사람들마다 서로 불평하고 원망합니다. 그러면 지금 우리는 과연 하나님의 뜻대로 살고 있습니까? 하나님의 뜻대로 살 수 있기를 바랍니다.

3. 사람의 생각은 하나님의 뜻과 무엇이 다른가?

　사람은 본래는 "생령이 된지라", 영적 존재였지만, 이는 육체가 됨이라 즉 영성을 상실한 존재가 되어 항상 생각하는 것이 육적이고, 감각적이고, 자기중심적인 것입니다. 눈은 앞으로만 있어서 자신에게 무엇이 유익이 되는가만 생각합니다. 그래서 우리는 멀리 보고, 전체적으로 보는 하나님의 뜻과는 항상 차이가 있는 것입니다.

　그러므로 인간은 현재적으로만 보지만 하나님은 영원 속에서 보시고, 인간은 나를 중심으로 보지만 하나님은 하나님의 영원하신 뜻을 중심으로 보십니다. 따라서 사람의 생각과 하나님의 뜻은 마치 동서가 먼 것

같이 항상 다른 방향을 가고 있는 것입니다.

4. 하나님의 뜻을 분별하여 순종할 때에 주시는 축복

하나님께서는 크게 세 가지 면에서 복을 주십니다. 과거와 현재와 미래의 세 가지 면에서 주십니다.

(1) 과거적인 면에서 주시는 축복

무엇보다도 주님의 십자가 보혈로 과거 우리가 범한 모든 죄를 다 용서하여 주시고, 하나님과의 관계를 회복하여 주셨습니다. 따라서 우리는 이제는 하나님의 자녀가 된 것입니다. 우리는 인간적으로는 다 과거가 있지만 다 십자가의 공로로 용서함을 받았기 때문에 우리는 의롭게 된 것입니다.

(2) 현재적인 면에서 주시는 축복

현재적인 면에서 받는 최고의 축복은 주님과 교통할 수 있다는 점입니다. 문화의 척도는 교통의 발달에 정비례합니다. 그 나라가 얼마나 문화적으로 발달하였는가를 알려면 그 나라의 교통발달을 보면 알 수 있습니다. 마찬가지로 그 사람의 신앙의 척도는 하나님과의 교통이 얼마나 활발하게 이루어지느냐에 달려 있습니다.

그렇다면 우리는 지금 주님과 동행하고 있습니까? 에녹처럼 우리는 하나님과 동행하고 있습니까? 동행하는 것을 무엇을 통해서 알 수 있습니까? 기도생활입니다. 다음은 말씀의 연구와 큐티입니다. 다른 사람들을 사랑하는 데서 알 수 있습니다.

(3) 미래적인 면에서 주시는 축복

최고의 축복은 저와 여러분들을 영화롭게 하여 주는 것십니다. 영광스러운 주님의 모습처럼 우리를 변화시켜 주시는 것입니다. 천국에 살기에 부족함이 없도록 만들어 주시는 것입니다. 지금의 우리들은 이 땅에서 살기에 합당하도록 되어 있습니다. 그러나 이 모습 그대로는 천국에 들어 갈 수가 없습니다. 새들은 하늘에 날아다니기에 합당하지만 물속에서는 살 수가 없습니다. 물고기들은 물속에서는 적합한데 땅에서는 못삽니다. 마찬가지로 사람은 이 땅에서만 살 수 있지 이 모습 그대로는 천국에서 살 수가 없습니다. 그래서 우리는 천국에 살 수 있도록 변화되어야 합니다. 영화롭게 되어야 합니다. 우리의 인격이 의의 세마포 옷을 입고 주님의 의로 단장해야 합니다. 이것을 하나님은 주시는 것입니다. 그것이 바로 미래에 주실 축복입니다.

맺는 말

이제 우리들에게 중요한 것은 하나님의 뜻을 분별하는 것입니다. 그러므로 말씀을 통해서 주님의 걸어가신 길을 통해서, 환경을 통해서 하나님의 뜻을 분별하고, 그것이 지금은 내게 해가 되어도 순종하여 하나님의 뜻을 이루어드리는 그릇이 되고, 채널이 될 수 있기를 주님의 이름으로 축원을 드립니다.

인자의 피를 마시지 아니하면

(요6:52-59)

먼저 저와 여러분 모든 가정에 하나님의 인도하심과 놀라우신 축복이 함께하시기를 먼저 축원합니다. 오늘은 예수님의 보혈을 중심으로 말씀을 드리려고 합니다.

오늘의 본문의 말씀은 잘못 들으면 마치 식인종이 되라는 것처럼 들립니다. 왜냐하면 내 살을 먹고 내 피를 마셔야 한다고 했기 때문입니다. 그러나 이것은 은유적인 표현이요 상징적인 표현일 뿐입니다. 로마 시대에 기독교인들이 약 5천만 명이나 죽임을 당하였는데 그 중에 어떤 사람들은 식인종이라는 죄목도 있었습니다. 특별히 성찬식은 밖에서 보면 그렇게 오해할 소지도 없지 않습니다. 사실 당시 유대인들이 예수님에 대해서 거부감을 가진 이유 중에 하나가 바로 인자의 살을 먹고 인자의 피를 마신다는 말이기도 했습니다. 그래서 본문 52절에도 보면 "이러므로 유대인들이 서로 다투어 가로되 이 사람이 어찌 능히 제 살을 우리에게 주어 먹게 하겠느냐?"고 이의를 제기했던 것입니다.

저는 오늘 네 가지 내용으로 말씀드리려고 합니다.

주님의 피는 어떤 피인가? 주님의 피를 우리는 어떻게 마셔야 하는가? 주님의 피를 마신다는 것은 무슨 뜻인가? 주님의 피를 마신 결과는 무엇인가? 라는 내용으로 말씀드리려고 합니다.

1. 주님의 피는 어떤 피인가?

(1) 언약의 피입니다.

죄 사함을 얻게 할뿐 아니라 영원한 기업을 받게 하는 '언약의 피'입니다. 마 26:28절에 보면 "죄 사함을 얻게 하려고 많은 사람을 위하여 흘리는바 나의 피, 곧 언약의 피니라"고 했고. 또 로마서 8:17절에 보면 하나님의 후사로서 영원한 기업을 받게 한다고 했습니다. 그렇습니다. 주님의 피는 우리의 죄를 자국도 없이 깨끗하게 씻어주는 능력의 피입니다. 미 7:19절에 보면 저 깊은 바다에 던져서 찾을 수 없도록 하신다고 했습니다.

(예화) 구약시대에는 언약을 맺을 때 반드시 피를 흘립니다.그 이유는 이 언약을 어길 때에는 우리도 이처럼 피를 흘리며 죽어야 한다는 표시이기 때문입니다. 창세기 15장에 보면 하나님과 아브라함이 언약을 맺고 의식을 행하는 내용이 나옵니다. 삼년 된 암소와 십년 된 암염소와 삼년 된 수양과 산비둘기와 집비둘기를 취해서 그 중간을 쪼개고 그 쪼갠 것을 마주 대하여 놓고 횃불이 쪼갠 고기 사이로 지나갑니다. 그런데 아브라함은 깊이 잠이 들었다는 것입니다. 바로 예수님이 우리의 언약의 제물이 되었다는 말씀입니다.

(2) 깨끗하게 하시는 피

다음은 우리를 거룩하고 '깨끗하게 하시는 피'입니다. 히 13:12절에 보면 "자기 피로써 백성을 거룩하게 하려고 성문 밖에서 고난을 받게 하셨느니라"고 했습니다. 더욱이 중요한 것은 죽은 행실, 영생을 주지 못하는 죄악의 행실에서 우리를 깨끗하게 하여 주십니다.

(예화) 제가 고학을 하면서 공부할 때에 학생이기 때문에 미국의 법 때문에 일을 할 수가 없고, 겨우 소제하는 일을 했습니다. 그

러면서 소제철학을 터득했습니다. 놀라운 것은 소제할 때에는 반드시 물이 있어야 깨끗이 씻어집니다. 총채로 먼지를 아무리 털어도 얼마 후에는 다시 먼지가 앉고 더러워집니다. 그러나 비눗물이 들어가면 깨끗하여지고 씻어집니다. 더욱 중요한 것은 인간의 죄는 그냥 물로도 안 되고 비눗물로도 씻어지지 않습니다. 예수님의 보혈이 없이는 절대로 씻어지지 않습니다. 믿습니까?

(3) 값진 피

또 주님의 피는 생명을 주고 영생케 하는 보배롭고 '값진 피'입니다. 행 20:28절에 보면 "하나님이 자기 피로 사신 교회를 보살피게 하셨느니라"고 했습니다. 얼마나 보배로운 피일까요? 한 생명이 온 천하보다 귀하다고 했으니 그 많은 생명을 구원하신 피라고 하면 값으로 따진다면 온 우주보다 비싼 보배로운 피인 것입니다.

(4) 화평을 이루시는 피

끝으로 '화평을 이루시는 피'입니다. 골 1:20절에 보면 "그의 십자가의 피로 화평을 이루사 곧 땅에 있는 것들이나 하늘에 있는 것들을 그로 말미암아 자기와 화목케 되기를 기뻐하심이라"고 했습니다. 원수 되었던 우리와 하나님의 사이를 화평케 한 피인 것입니다.

2. 그러면 그리스도의 피를 우리가 어떻게 해야 합니까? 두 가지를 꼭 해야 합니다.

(1) 우리의 인격의 옷을 **씻**어야

주님의 피로 우리의 '인격의 옷을 먼저 씻어야 합니다(계7:14).

출애굽기에 보면 유월절의 밤에 문의 인방과 설주에 우슬초로 양의 피를 바른 사람들에게는 장자의 죽음이 지나갔습니다.

(2) 인자의 피를 마셔야

'인자의 피를 마셔야 합니다. 그렇지 아니하면 우리 안에 생명이 없습니다. 한국에서는 사슴피나 노루피를 마시는 것이 좋다고 해서 아주 비싼 값에 사고팝니다. 그러나 그런 피가 우리들을 구원하는 것은 아닙니다. 오직 주님의 피만이 우리를 구원해 줍니다. 그래서 우리는 주님의 피를 마셔야 합니다.

요 6:53절에 보면 '인자의 피를 마시지 아니하면 너희 속에 생명이 없느니라'고 했습니다. 마치 옛 뱀의 독이 온몸에 퍼지고 있을 때에 해독제를 마시면 모든 독이 다 제거되듯이 주님의 피를 마셔야 우리의 피 속에 있는 죄악의 독들이 제거가 되는 것입니다.

3. 주님의 피를 마신다는 것은 어떻게 한다는 것인가?

(1) 나의 모든 행위를 주님께 내어맡기는 것입니다.

먹고 마시는 것처럼 예수님이 '절실하게 느껴지는 것을 말하고, 음식이나 음료수처럼 자신을 '내어맡기는 행위'를 말합니다.

(2) 주님의 피를 현실의 음식과 음료수처럼 만질 수 있고 느낄 수 있어야 합니다. 마찬가지로 주님이 손으로 만지고, 혀로 맛을 보듯이 '피부로 느껴지는 것'을 말하고, '현실로 느껴지는 것'을 말합니다.

(3) 주님의 피가 나의 일부가 되는 믿음을 가져야 합니다.

음식이나 음료수는 먹고 마시면 우리의 일부가 되듯이 주님이 내안에 '일부가 되는 것'을 말합니다.

(4) 참 만족을 해야 합니다.

우리가 음식이나 음료수를 마시는 것이 '참 만족'을 주고, 기쁨을 주듯이 주님을 만나고 그의 말씀을 듣는 것이 참 만족을 주는 것을 말합니다.

4. 주님의 피를 마시면 구체적으로 어떤 결과가 오는가?

(1) 먼저 '확신'이 생깁니다.

이 세상에서 먹고 마시는 것만큼 현실적이고 확실되는 것이 없습니다. 그러므로 주님의 피를 마시면 주님이 사실적으로 느껴집니다. 막연하거나 의심이 사라집니다. 지금 많은 사람들이 확신이 없는 것은 바로 주님의 피를 마시지 않기 때문입니다. 그냥 보기만 하기 때문입니다.

(2) 만족감을 느낍니다.

둘째의 결과는 '만족감'입니다. 사람은 누구나 먹고 마시면 배가 불러오면서 참 만족을 느끼게 됩니다. 이것을 우리는 행복이라고 부릅니다. 반대로 배고프면 다 짜증이 나고 불행을 느끼는 것입니다.

(3) 주님과 연합됩니다.

주님과 '한 몸'이 되고 '연합'하게 됩니다. 먹고 마신 음식은 먹고 마신 후에는 구별이 없습니다. 일식이니 한식이니 중식이니 양식이니 하는 구별이 완전히 없어집니다. 하나가 됩니다. 지금 우리가 다 주님의 피를 마시지 못하였기 때문에 하나 되지 못하고, 연합하지 못하는 것입니다.

(4) 변화가 옵니다.

'변화'가 일어납니다. 마치 결혼식이 끝난 뒤에 수많은 변화가 일어나듯이 변화가 일어납니다. 먼저 이름이 바뀝니다.

(예화) 아내의 당황(미국에서는 결혼하면 남편을 따라 성이 바뀌는데서 오는 혼동)

다음은 법적인 지위가 바뀝니다. 먹는 것도 다릅니다. 심리적인 변화가 크게 일어납니다. 남편에 따라 생활이 변합니다. 이처럼 예수 믿는 것은 전과는 전혀 다른 완전한 변화가 일어납니다. 그러나 변화 중에 최고의 변화는 영생을 얻는 것입니다. 영생이란 단순히 오래오래 영원히 사는 것이 아닙니다. 영생이란 하나님의 생명을 우리가 소유하는 것이기 때문에 새로운 생명을 소유하는 것을 말합니다.

맺는 말

오늘 우리는 주님의 보혈이 얼마나 귀하고 놀라운 역사를 일으키는가를 살펴보았습니다. 지금 개인은 물론이고, 가정과 사회도 주님의 보혈이 필요합니다. 주님의 보혈을 마시지 않으면 새 생명이 없습니다. 변화가 없습니다. 하나님의 자녀가 될 수 없습니다. 그러므로 오늘 이 시간 주님의 피를 마시는 것처럼 주님의 일부가 되고, 지체가 되고, 또 그것을 현실적으로 피부로 느낄 수 있기를 축원합니다. 그래서 참 주님의 지체가 되고, 천국백성이 되는 축복이 넘치기를 축원합니다.

안식일인데

(요5:9-18)

하나님께서 창세전부터 복주시마 약속한 오늘 이 거룩한 주일에 저와 여러분 우리 모두가 하나님의 은혜를 충만히 받고, 주시는 복을 다 받는 복된 날이 되시기를 주님의 이름으로 축원합니다.

안식일 문제는 오늘의 우리들에게는 별로 중요하지도 않고, 관심도 없는 문제입니다. 그러나 예수님 당시만 해도 이것은 생명에 관한 아주 중요한 문제요 심각한 문제였습니다. 예수님을 십자가에 못 박을 때 두 가지의 죄목이 있었는데 하나는 안식일에 병을 고쳤다는 것, 그래서 안식일을 어겼다는 것이고, 다른 하나는 하나님의 아들이라고 하여 하나님을 모독했다는 것이었습니다.

물론 오늘에도 안식교인들은 이 안식일 문제를 심각하게 다루고 있습니다. 그러나 이런 태도는 주님이 주신 은혜를 저버리고, 율법에 우리를 얽매이게 만드는 현대판 바리새주의입니다.

오늘은 주일의 참된 의미를 살펴보면서 하나님이 주시기를 원하는 주일의 축복을 다 받을 수 있기를 축원합니다.

1. 구약의 안식일에 관한 법규

예레미야는 안식일을 지키지 않았기 때문에 바벨론의 포로로 잡혀가게 된 것이라고까지 했습니다(렘17:21-22.27). 그것은 안식일이 율법의 핵심이었기 때문입니다. 그러나 문제는 유대인들이 울타리 율법을 만든

다는 구실에서 인간적인 규례를 만들어 삽입하였습니다. 그것이 바로 바리새주의요, 나중에는 미쉬나나 탈무드 같은 책을 만들게 한 동기가 되었습니다.

2. 신약의 안식일에 관한 규례

신약의 안식일 규례는 요한복음보다 더 먼저 기록된 마태복음에 더 자세하게 기록되어 있습니다. 마태복음에 보면 안식일의 논쟁에서 예수님은 세 가지의 중요한 원리를 말씀했습니다. 이것은 오늘의 우리들에게는 아주 중요한 원리요 말씀입니다.

첫째로 다윗이 안식일에 진설병을 먹은 경우에서 볼 수 있듯이 생명이 안식일보다 더 중요하다는 점입니다.

둘째는 사람이 율법보다 더 중요하다고 했습니다. 율법주의나 형식주의는 겉만 핥는 것일 뿐 참으로 우리들에게 필요한 것을 충족시켜주지 못합니다.

셋째로 중요한 것은 안식일의 주인은 주님이시라는 것입니다. 예수님의 Lordship이 중요한 것입니다. 그러므로 주님을 기쁘게 하는 것이라면 안식일에 무엇이든지 할 수가 있습니다.

그러면 안식일은 어떤 날입니까?

안식일은 본래 하나님의 창조기념일인데 원래는 선민인 유대인들을 위해서 주신 날입니다. 창조자이신 하나님을 섬기는 징표로서 주신 것입니다(출31:12-17). 그러므로 안식일을 주신 목적이 중요하고, 그 정신이 중요한 것입니다.

안식일의 목적이 무엇일까요?

사도행전에 보면 아홉 번이나 안식일에 대해서 언급하고 있지만 단 한 번도 안식일을 지키라고 말씀하고 있지는 않습니다. 본래 안식일은 휴식하는 날이었습니다. 샤바트(sh란 말은 안식한다, 쉰다는 뜻입니다.
하나님이 인간을 창조했을 때 엿새 일하고, 하루 쉬는 날로 정하신 것
인데 이것은 하나님이 우리의 창조자이심을 잊지 않게 하는데 목적이
있었습니다. 그래서 이 날은 모두가 쉬었는데 심지어 가축도 쉬어야만
했습니다. 구약 당시 농사를 지을 때에도 수확기에도 안식일에는 일을
금했습니다. 만약 안식일을 범할 때에는 죽거나 추방을 당했습니다(출
31:14-15; 민 15:32-36).

그러나 안식일이 단순히 쉬는 날로 그친 것은 아닙니다. 예배를 위해
서 모이는 날이었습니다. 그래서 함께 모여 말씀을 듣고, 함께 여호와
안에서 즐거워하였습니다.

3. 안식일이 주일로 옮겨진 이유는?

본래 안식일은 주일의 그림자요 모형이었습니다. 게다가 안식일은 본
래 선민인 유대인들에게 주신 징표로서 예수님이 오시기까지만 필요한
것이었을 뿐이지 그 후에는 폐지가 되고 주일로 바뀌게 된 것입니다.

고린도전서 16장 2절에 보면 '매주일 첫날', 즉 주일에 초대교회는 예
배를 드리기 위해서 모이기 시작했고, 이것이 4세기 콘스탄틴 황제 때
에 와서는 의무적으로 지키도록 했던 것입니다. 공교롭게도 당시 로마
에서 숭배하던 태양신을 섬기는 날인 Sunday(태양의 날)와 같은 날이었
기 때문에 토착화하는데 쉬웠습니다.

안식일에서 주일로 바뀔 때 거기에는 연속성과 비연속성이 있었습니
다. 비연속성은 날짜와 기념의 내용이었습니다. 안식일은 창조기념일이
었고, 주일은 부활 기념일입니다. 연속성은 한 주 가운데 하루를 지킨
다는 것과 하나님께 예배드린다는 것입니다.

그러나 방법에 있어서는 큰 차이가 납니다. 구약의 안식일은 쉬는데

목적이 있고, 신약의 주일은 주일의 주인이 되신 주님께 경배하며 그의 하시던 일을 계속하여 일한다는 점입니다. 말하자면 안 하는 날에서 보다 적극적으로 하는 날로 변한 것입니다.

4. 주일은 어떤 날인가?

주일은 '하나님의 구원하여 주심을 기뻐'하며, 하나님이 우리의 주권자임을 인식하면서 장차 주님이 재림하실 때에 회복하게 될 신천신지를 맛보는 날입니다.

좀더 구체적으로 말하면

(1) 주님이 부활하신 날입니다. 따라서 주일은 부활 기념일입니다.

(2) 부활하신 주님이 승천하신 날입니다.

(3) 부활하신 주님이 제자들에게 "평강이 있을지어다."하고 축복하신 날입니다.

(4) 처음으로 떡을 떼신 날입니다. 즉 성찬식이 거행된 날입니다.

(5) 주님이 제자들에게 사명을 주신 날입니다(요20:21).

(6) 보혜사 성령이 이 땅에 임하신 오순절날입니다.

(7) 밧모섬에서 사도 요한이 하늘의 계시를 본 날입니다.

(8) 주님 재림하실 때에 모든 것이 회복될 것을 믿으면서 성도들이 함께 기뻐하며 찬양하는 날입니다.

따라서 주일은 예배드리기에 가장 합당한 날입니다. 그러나 이 날은 믿는 성도들에게만 주신 축복의 날이기 때문에 불신자들에게 강요하는 것은 옳지 않습니다. 그러므로 우리는 주일을 의무의 날로서가 아니라 축복을 받는 날로 기억하고 이 날을 거룩하게 보내야 합니다.

5. 주일을 어떻게 거룩하게 지킬 것인가?

먼저 하지 말아야 할 것이 있습니다. 먼저 자기를 즐겁게 하는 날이 아님을 알아야 합니다. 이 날은 단순히 게으르거나 쉬는 휴식일이 아닙니다. 또 개인적인 오락을 즐기는 날도 아닙니다. 이민생활에서 지친 분들이 이 날은 잠을 보충하는 날로 보내는 경우가 많은데 피곤한 몸들이 쉬는 것은 좋으나 문제는 그것 때문에 예배에 빠지거나 주일을 거룩하게 지키지 못하면 이것은 받아야 할 은혜를 받지 못하면 그 다음 한 주간은 보나마나 사탄에게 패하고 시험에 들게 되고, 마음의 참 평안을 누리지 못하게 되는 것입니다.

그러면 해야 할 것이 무엇입니까?.

(1) 기쁨으로 주일을 지켜야 합니다. 결코 슬퍼하거나 괴로운 날이 아닙니다. 성도들을 교회에 잡아놓기 위한 날이 결코 아닙니다. 축복해 주시는 날이기 때문에 우리는 감사와 기쁨으로 임해야 합니다.

(2) 예배드림으로 하나님이 약속하신 축복을 받아야 합니다. 하나님의 축복은 사죄의 은총, 지혜와 능력을 받는 날, 성도들과 교제하며 함께 기쁨을 나누는 것이 바로 축복입니다.

(3) 섬김으로 일하는 날입니다. 교회 일을 하는 날이고, 전도하는 날이고 기도하고 찬송하는 날입니다.

(4) 자녀들에게 성경을 가르치고, 영적 훈련을 시키는 날입니다. 그러므로 안식일은 안 하는 날이지만 주일은 하는 날입니다.

많은 분들이 주일에 하지 말아야 할 것과 할 것을 구별하여 달라고 묻습니다. 저는 그것을 좋아하지 않습니다. 이유는 바리새인들의 함정에 빠질 위험이 많기 때문입니다. 사실 한국에서는 많은 목회자들이 성도들에게 바리새적인 주일성수를 가르치고 있습니다. 왜 주님이 우리를 율법에서 해방시켜 주셨는데 또 다른 율법으로 멍에를 만들어 씌웁니까?

저 자신은 그런 바리새적인 생활에 익숙할 만큼 한국에서 그런 엄격한 주일성수의 생활을 하여 왔습니다. 그러나 저는 여러분들에게 그런 일을 우리 성도들에게 강요할 마음은 전혀 없습니다. 왜냐하면 그렇게 되면 주일은 마음이 무겁고, 괴롭고, 고통스러운 날이 되기 때문입니다. 다만 말씀드리고 싶은 것은 주일은 하나님이 복을 주신다 하고 약속하신 날이기 때문에 우리의 부족과 믿음 없음으로 그것을 잃지 않기를 바랍니다. 그래서 주일은 정말 기다려지는 날이요, 하나님의 축복을 받는 날이 될 수 있기를 축원합니다.

구원의 효력

(행16:35-40)

약에는 효력이 있듯이 구원에도 효력이 있습니다. 효력이 없다면 무엇인가 문제가 있는 것입니다. 오늘 본문에 보면 구원의 효력을 세 가지로 말씀하고 있습니다. 오늘은 이 말씀을 중심으로 '구원의 효력'이란 제목으로 함께 은혜를 나누려고 합니다.

1. 구원의 세 가지 효력

먼저 구원이 무엇인가에 대해서 말씀드리려고 합니다. 구원이란 '좁은 의미에서는' 죄의 용서함을 받고, 하나님의 자녀로 영생을 누리며 사는 것을 말합니다. 그러나 '넓은 의미에서의' 구원은 이런 영적인 것 외에 아 땅에서 많은 열매를 맺으면서 날마다 승리하는 생활을 하는 것을 말합니다. 그러면 이런 구원을 받은 사람에게 구체적으로 어떤 효력이 나타납니까?

(1) 불의에 대한 죄책감

구원의 첫 번째 효력은 '불의에 대한 죄책감'을 느끼게 된다고 했습니다. 쉽게 말씀드리면 양심이 살아나고, 그동안 죄에 대해서 무감각했던 문둥병자와 같던 우리에게 감각이 살아나는 것입니다. 성경에 보면 죄와 문둥병을 동일시하는 것 같은 수많은 표현을 볼 수 있는데 그것은 죄의 성격이 문둥병과 너무도 유사하기 때문입니다. 예를 들면 문둥병

에 걸리면 감각이 없어집니다. 코가 떨어지고, 손가락이 떨어지고, 얼굴
이 알아 볼 수 없을 정도로 일그러져도 아픈 감각이 없습니다. 저도 마
찬가지입니다. 그러나 구원을 받게 되면 죽었던 몸이 살아나듯이 죄에
대한 감각이 다시 살아나는 것입니다.

35절에 보면 바울과 실라가 빌립보 감옥에 갇혔다가 상관들이 자신
들이 잘못 했음을 깨닫고 감옥에서 바울과 실라를 놓아주라고 한 내용
을 볼 수가 있습니다. 이것이 구원받은 자들의 첫 번째 현상입니다. 내
가 잘못했구나 하고, 양심이 살아난다는 말씀입니다. 나는 잘못한 것이
없어 하는 것은 바로 불신자의 특징으로써 가끔 교인들 가운데도 그런
현상을 볼 수 있는데 아직 구원의 효력이 나타나지 않고 있기 때문입니
다.

그래서 예수 믿고 나면 모든 것이 죄로 보이고, 수많은 갈등이 나타
나는 것입니다. 그것은 예수 믿고 나서 더 많은 죄를 짓기 때문이 아니
라 죄에 대한 감각이 더 예민하여지기 때문에 전에는 죄가 아니라고 생
각했던 것들이 이제는 죄라는 것을 느끼게 되고, 깨닫게 되기 때문입니
다. 이것이 구원의 첫 번째 효력입니다.

(2) 하나님께 대한 두려움

구원의 두 번째 효력은 하나님께 대한 '두려움'이 생기고, 전보다 '겸
손'해지는 것입니다. 38-39절에 보면 저희가 로마 사람이라 하는 말을
듣고 두려워하였다고 했습니다. 그뿐 아니라 빌립보 성에서 떠나기를
간청하였다고 했습니다. 이것이 구원받은 자의 두 번째 현상입니다.

인간에게 행동을 하게 하는 네 가지 동기가 있습니다. 첫째는 두려움
이고, 둘째는 소망이고, 셋째는 믿음이고, 넷째는 사랑입니다. 그 중에
서도 두려움은 순서상 먼저 옵니다. 두려움은 힘이 있고, 결과가 빨리

나타납니다. 우리가 예수를 믿는 것도 따지고 보면 하나님께 대한 두려움에서 시작됩니다.

그러나 대부분의 두려움은 염려에서 비롯될 때가 많습니다. 지금 미국 대통령의 자동차는 50만 불이 넘는 비용을 들여서 링컨 리무진에 방탄 장치를 하고 있는 것은 암살에 대한 두려움 때문입니다. 본인 자신도 그 뿌리가 어디에 있는지 모를 때가 많습니다. 근거 없이 두려워할 때도 있습니다.

1944년 일본의 군인 쇼이치 요코이 라는 사람은 구암의 어느 섬에서 전쟁의 두려움 때문에 굴 속 깊이 숨었습니다. 그는 그 후 전쟁이 끝난 뒤에도 28년간을 정글에서 숨어서 지냈습니다. 잡히면 죽을까봐 겁이 났기 때문이었습니다. 마침내 사냥꾼에 의해서 발견되어 자유의 몸이 되어 집으로 돌아가게 되었다는 기록이 신문에 실린 것을 본 적이 있습니다.

중요한 것은 하나님을 두려워할 때에 겸손하여집니다. 반대로 교만은 하나님을 두려워하지 않는 데서 비롯됩니다.

(3) 참 자유 함을 얻습니다.

구원의 세 번째 효력은 '참 자유 함'을 받을 뿐만 아니라 그들을 통해서 '교회가 세워지는 것입니다. 40절에 보면 "두 사람이 옥에서 나가" 먼저 옥에서 나가는 역사, 즉 참 자유함을 받게 되었다는 말입니다. 그뿐 아니라 루디아의 집에 모이게 되었다고 했습니다. '가정 교회'가 형성되게 되었다는 말씀입니다. 이 세 가지가 바로 구원의 효과입니다.

2. 구원의 세 가지 자아 진단

우리는 구원을 위해 자아 진단을 해 볼 필요가 있습니다. 머리가 아픈데 왜 그럴까? 기침이 나는 것을 보니 분명히 감기가 걸린 모양이구

나. 그까짓 고뿔 정도야 하고 무시를 하면 젊고 건강할 때에는 별것 아
니지만 노인들에게는 이것이 치명타일 경우가 있습니다.

저는 감기에 걸리면 에드빌 두 개만 먹으면 대개의 경우 한 번에 끝
납니다. 그러나 그렇지 못할 때에는 서너 번 먹습니다만 그렇지 않을
때에는 병원에 가거나 한약을 먹습니다.

문제는 영적인 경우에는 우리가 진단을 안 할 경우가 많습니다. 습관
적으로 믿고, 습관적으로 다니고, 습관적으로 봉사합니다. 그러나 저는
영적인 전문가로서 참 두려운 말씀을 하지 않을 수 없는데 교인들 중에
아직 불신자가 의외로 많다는 데 놀랍니다. 본인에게 '당신은 지금 신자
가 아닙니다.'라고 말할 수는 없고, 참 안타까울 때가 많습니다. 더구나
교회에 다닌 지는 오래 되었고, 또 직분은 높아서 본인은 나야 당연히
구원받았을 것이라고 생각하고 있는데, '아닙니다. 잘못되었습니다.'라
고 하면 너는 어떻고 하면서 싸움을 걸 것입니다. 그러므로 우리는 자
신을 진단해 보아야 합니다.

그러면 어떻게 진단을 해야 합니까?

(1) 살아있는 신앙양심이 있어야

첫째는 신앙양심이 살아서 움직이고 있는가 하고 자야 진단을 해보시
기 바랍니다. 신앙양심이 살아 있는 사람의 특징은 죄책감을 느끼고 있
다는 점입니다. 양심이 무엇입니까? 영어로 conscience(con, 함께 +
scio, 알다)인데 그 뜻은 도덕적으로 옳고 그른 것을 판단하는 지각과
능력을 말합니다. 이 양심은 태어나면서부터 누구나 갖게 됩니다. 그러
나 이 양심은 환경이나 수양이나 교육을 통해서 영향을 많이 받습니다.
그렇지만 양심이란 근본적으로는 하나님께서 주신 판단 지각이요, 능력
입니다.

양심에는 몇 가지 종류가 있습니다.

첫째는 병든 양심이 있습니다. 편협하고, 비뚤어진 양심을 말합니다.

둘째는 정신질환으로 인해 잠정적으로 불안해하고, 공포심을 가지며, 강박관념과 고정 관념에 매어 있는 양심이 있습니다.

셋째는 둔한 양심이 있습니다. 무감각한 양심, 좀 더 정확하게는 죽은 양심이 있습니다. 이것을 성경에서는 "화인 맞은 양심"이라고 표현했습니다(딤전 4:2).

넷째는 선한 양심이 있습니다. 착한 양심을 말합니다.

다섯째는 사회적 양심이 있습니다. 그것은 개개인의 양심이 합쳐져서 집단적인 도의심을 이루게 되면 이것이 바로 사회적 양심입니다. 오늘의 문제는 우리들의 사회적 양심이 없다는 데 있습니다. 있어도 병이 들었다는 데 있습니다.

끝으로 신앙양심이 있습니다. 이것은 믿는 자에게 하나님께서 주시는 선물입니다. 그렇다면 지금 우리의 양심은 어떤 양심입니까? 날마다 짓는 죄에 대하여 가책을 느끼십니까? 아무런 감각이 없습니까? 바라기는 우리의 양심의 감각이 살아 있기를 축원합니다. 그것이 바로 구원받은 자의 효력입니다.

(2) 구원의 확신

둘째로 우리들이 구원받았는가를 진단하는 표준은 우리에게 하나님께 대한 두려움이 있습니까? 하는 것입니다. 죄를 짓고도 전혀 그 심판에 대한 감각이 없는 사람들이 있습니다. 하나님께 대한 두려움이 없는 사람은 세상에 모든 것이 두렵습니다. 암에 걸릴까봐 두렵고, 실직할까봐 두렵고, 자동차 사고가 두렵고, 죽을까봐 두렵고, 그저 두려운 것 천지입니다. 그러나 하나님을 두려워하는 사람은 다른 것은 아무 것도 두려운 것이 없습니다. 또 구원받은 사람은 어디를 가든지 겸손합니다.

겸손은 성공의 열쇠입니다. 하나님의 축복을 담는 보석상자입니다. 그래서 누구든지 겸손하면 하나님이 쓰시기 때문에 성공합니다. 그러나 교만해지면 하나님께서 버리십니다. 사울 왕이 바로 그런 사람이었습니다. 왜 다윗이 하나님의 마음에 합한 사람이었습니까? 그것은 그가 항상 겸손하였기 때문입니다.

(3) 참 자유를 누림

세 번째 구원의 진단은 참 자유 함입니다. "나 자유 얻었네. 너 자유 얻었네. 우리 자유 얻었네", 또 중요한 것은 이 참 자유 함을 얻은 사람들이 모이는 교회가 형성된다는 점입니다. 교회는 참 자유를 느끼고, 누리는 사람들의 유기체(organism)입니다. 교회는 절대로 조직이 아닙니다. 그러나 많은 사람들은 교회를 하나의 조직체로 생각합니다. 사실 조직에는 자유 함이 없습니다. 그러나 유기체에는 참 자유 함이 있습니다. 그러므로 우리가 참으로 구원함을 받은 자로서 비록 세상에서는 조직체 속에서 살고, 심지어 사회적으로는 노예의 자리에 있을지라도 참 자유 함을 누릴 수 있기를 축원합니다. 왜냐하면 우리는 구원을 받았기 때문입니다.

3. 구원의 즐거움을 누리며 사는 삶

돈이 많아도 사용하지 않고, 금고에 넣어만 두면 아무런 소용이 없습니다. 구원도 받기만 하고, 그냥 간직만 하면 소용이 없습니다. 돈은 사용해야 하듯이 구원은 누리고, 활용해야 합니다. 그러면 어떻게 구원의 즐거움을 누리며 살 수 있습니까?

(1) 구원은 감사함으로 누릴 수 있습니다.

감사는 찬양으로 이어집니다. 구원받은 사람의 특징은 항상 감사가 넘치는 것입니다. 주여 감사합니다. 하면서 범사에 감사하는 것입니다.

(2) 구원받은 자로서 중요한 것은 기쁨 속에서 살아가는 것입니다.

기쁨은 혼자서도 누리지만 함께 누릴 때 더 커집니다. 둘이서 나누면 두 배가 되고, 셋이서 나누면 세 배가 됩니다. 반대로 슬픔은 나눌수록 줄어듭니다. 그래서 결혼식이나 돌이나 회갑은 혼자서 지낼 때보다 여럿이 함께 나눌 때 기쁨이 증가됩니다.

(3) 우리의 구원은 간증으로 표현되어야 합니다.

이 간증이 바로 전도이고, 넓게는 선교입니다. 국내에서 간증하면 전도이고, 문화가 다른 외국에 나가서 전하면 선교입니다.

(4) 구원은 사랑으로 뜨겁게 타올라야 합니다.

그것은 이해와 용서함으로 타오르고, 사회적 봉사로 표현되고, 협력으로 나타납니다. 바라기는 이제 구원받은 성도로서 받은 구원을 누리면서 살 수 있기를 축원합니다.

천하를 어지럽게 하는 사람들

(행 17:1-9)

　지금 이 세상은 가치관의 혼돈과 올바른 세계관의 부재로 인해서 폴 틸릭이 말한 대로 근본적으로 흔들리고 있습니다. 지금 무엇이 옳고 그른지 마치 사사시대와 같습니다. 사사기 21:25절에 보면 "그때에 이스라엘에 왕이 없으므로 사람이 각각 그 소견에 옳은 대로 행하였더라"고 했는데 지금이 바로 각각 그 소견에 옳은 대로 사는 제멋대로의 세상입니다.

　여러 해 전에 Christian Today 잡지에서 '뒤틀린 가치관'이라는 특집을 실은 적이 있습니다. 당시 가장 유명한 가수인 엘비스 프레슬리가 한 시간 노래를 부르는 것이 미국 대통령의 일 년 월급과 같고 대법원장의 3년간의 월급과 같다고 비교했습니다. 다시 말해서 현대인들은 생명이 없는 일, 무가치한 일에 많은 것을 지불하고 가장 가치 있고, 영원한 것은 업신여기는 가치관의 혼돈 속에서 우리가 살고 있다는 말입니다.

　그래서 오늘은 사도행전 17장에 있는 말씀을 중심으로 '천하를 어지럽게 하는 사람들'이란 제목으로 우리의 사명을 살펴보면서 우리들의 가치관이 새롭게 정립되는 시간이 되기를 원합니다.

1. 이 세상에는 3가지 종류의 사람들이 있는 것을 보여줍니다.

(1) 그냥 '무리'들

첫째로 8절에 보면 그냥 '무리'가 나옵니다. 세상에는 이런 사람들이 가장 많습니다. 그러나 이들은 있으나마나해서 아무런 영향을 주지 못하는 사람들입니다. 물에 술탄 듯, 술에 물 탄 듯한 사람들입니다. 이런 사람은 주로 자기만을 위해서 사는 사람들을 말합니다. 교인 중에도 형식적인 교인들, 즉 아직 중생의 체험이 없는 사람들이나, 반대로 소라처럼 자기의 탈 밖으로 나오지 못하는 신비주의적인 사람들이 바로 무리, 오크라스입니다.

(2) 시기하는 유대인들

두 번째는 나쁜 의미로 세상을 어지럽게 하는 사람들이 있습니다. 5절에 나오는 '시기하는 유대인들'이 바로 그런 사람들입니다. 한국에서는 김기환 같은 지존파, 미국에서는 168명을 죽인 오크라호마 폭파범인 멕베이 같은 사람이 바로 그런 사람들입니다. 세상에 대한 미움으로 가득 찬 사람들이 바로 여기에 속한 사람들입니다. 우리도 속에 미움이 가득 차 있으면 본의 아니게 세상에 대한 분노가 폭발되는 순간 많은 사람들에게 상처를 주고 해를 끼칠 수 있습니다. 우리 가운데는 이런 사람들이 없기를 바랍니다.

(3) 복음으로 무장한 사람들

세 번째는 복음으로 무장한 사람들, 좋은 의미의 천하를 어지럽게 하는 사람들이 있습니다. 본문에서는 4절에 나오는 "경건한 헬라인의 큰 무리와 적지 않은 귀부인들"이 바로 그런 사람들인데 이들을 천하를 어지럽게 하는 사람들이라고 했습니다. 현대 번역에서는 '세상을 소란케

한 사람들'이라고 했습니다. King James나 Revised Standard 성경에서는 'turn the world upside down'이라고 번역했습니다. 세상을 뒤집어엎는 사람들이란 뜻입니다. 사실 신자는 엄밀한 의미에서 세상을 뒤집어엎는 사람들입니다. 이들은 가슴속에 그리스도의 사랑이 넘치는 사람들입니다.

말씀의 배경은 바로 데살로니가 교회가 세워진 과정에 일어난 것입니다. 데살로니가는 마게도냐에서 가장 크고 번성한 도시였습니다. 이 도시는 로마의 심장이라고 할 만큼 무역과 상업이 아주 무성하였으나 사회악이 심각한 도시였습니다. 바로 이곳에 바울이 제2차 선교 때 와서 교회를 세웠습니다. 그때에 그들의 죄목이 세상을 어지럽게 한 사람들이란 것이었습니다.

2. 세상을 어지럽게 한 사람들의 '메시지의 내용은?(3절)

바울이 세상을 어지럽게 한 것은 바로 복음 때문이었습니다. 왜냐하면 복음은 세상의 풍속과는 전혀 다른 것이고, 상식과도 전혀 다른 것이고, 인간의 철학과도 전혀 다른 것이기 때문입니다. 당시 바울이 세상을 어지럽게 한 것은 3절에 잘 나옵니다. 한번 큰 소리로 3절을 함께 읽어보겠습니다. 내용이 무엇입니까? 크게 세 가지였습니다.

첫째는 '십자가'였습니다. "그리스도가 해를 받고 죽은 자 가운데서" 십자가는 단순한 사형틀이 아니고, 바로 나의 죄의 문제가 해결되는 열쇠이기 때문에 이것은 개인적 문제일 뿐만 아니라 세계적인 문제요 인류의 문제입니다.

둘째는 '부활'이었습니다. "다시 살아나야 할 것을 증명하고" 인간은 죽음의 문제로 고통을 당해 왔고, 이것을 해결하려고 하였는데 바로 예수님께서 부활하심으로 우리에게도 부활의 소망이 생긴 것입니다.

셋째는 '예수는 그리스도이시다'라는 것이었습니다. 다시 말하면 그리스도의 왕권이었습니다. 이 세상의 모든 사람들은 다 누구인가 왕으로 섬기고 있고, 그의 통치를 받고 있습니다. 자기가 왕인 사람도 있고, 타인이 왕인 사람도 있습니다. 바울 당시에는 오직 가이사만이 왕이었고, 다른 왕을 섬긴다는 것은 있을 수 없는 일이었습니다. 그래서 무리와 읍장들이 소동한 것은 바울과 실라가 예수님을 섬기는 사람들이었기 때문이었습니다.

3. 세상을 어지럽게 한 사람들의 메시지에 대한 반응은?

계층마다 다른 반응을 했습니다. 참 인간은 얼굴이 서로 다르듯이 생각도 다르고 반응도 다릅니다. 똑같은 설교를 들어도 은혜를 받는 사람들이 있고 시험을 받는 사람들이 있습니다.

(1) 복음에 반대한 부류

본문에 보면 복음에 대해서 반대하는 세 종류의 계층이 있었습니다(5절). 첫째는 유대인, 둘째는 괴악한 사람들, 셋째는 백성이었습니다. 이들의 공통점은 '시기'였습니다. 인간의 행동은 '사랑의 동기'거나 아니면 '미움과 시기의 동기'로 움직입니다. 오늘날 이스라엘과 아랍 사이의 끝없는 전쟁은 바로 이 미움과 시기 때문입니다.

좀 더 구체적으로 말하면 유대인들의 반응(행17:5절)은 시기로 인한 것이었다고 했습니다. 시기란 질투를 뜻하는 말입니다. 많은 무리가 그리스도에게로 돌아가는 것을 보고 시기하게 되었습니다. 시기한 이유는 크게 두 가지였습니다. 하나는 사람들의 관심과 인기가 바울과 실라에게로 돌아가는 것을 보면서 한 시기였습니다. 이들은 바울에 대해서 여러 가지로 비난했습니다. 간사하다(3절), 부정하고 순수하지 못한 동기에서 비롯되었다(3절)고 헐뜯고 소문을 퍼뜨렸습니다. 또 사람을 기쁘게 하는 사람(4절)이라, 목적을 위해서 아첨하는 자(5절)라, 욕심으로 복음을 전하는 자라(6절), 영광을 구하는 자(6절)요, 불의하고 사악한 자(10절)요, 비난받고 책망 받아야 할 자(10절)라고 했습니다.

또 괴악한 사람들의 반응도 볼 수 있습니다.

이들은 떼를 지어서 바울과 실라를 선동적이고 반역적이라고 하면서 소동을 피웠습니다. 자기들이 사회를 어지럽게 하면서 남들에게 세상을 어지럽게 하는 사람들이라고 고소를 했습니다. 사실 이들의 고소는 일면 일리가 없지 않았습니다. 왜냐하면 복음은 생활을 변화시킵니다. 사람들을 죄와 수치로부터 하나님께로 향하게 하고 부도덕에서 순결함으로 바꾸어놓기 때문입니다. 그러나 그들의 고소처럼 그냥 세상을 어지럽게 하는 사람들은 아니었습니다. 뒤틀린 것을 바로 잡는 것이었습니다.

(2) 교회 중심 멤버

그러나 수많은 독실한 헬라인들과 귀부인들이 있었다(4절)는 것도 기억해야 합니다. 그들은 숫자가 적지 않았습니다. 또 이들은 영향력이 있는 사람들이고 서로 연합되어 있었다고 했습니다. 바로 이들이 교회의 중심 멤버들이고, 데살로니가 교회를 이끌어 가는 사람들이었습니다. 오늘날 참으로 필요한 사람은 바로 이런 사람들입니다.

4. 세상을 어지럽히지 않는 사람이 되려면?

(1) 주시는 메시지

각자가 위로부터 '주시는 메시지'를 가지고 있어야 합니다. 이것을 간증이라고 부릅니다. "이것이 나의 간증이요, 이것이 나의 찬송일세. 나 사는 동안 끊임없이 구주를 찬송하리로다"(204장 후렴). 그 메시지의 내용은 십자가와 부활과 그리스도의 왕권에 관한 내용입니다.

그런데 이 복음 전파에는 항상 환난이 따른다는 것을 기억해야 합니다. 그래서 '증인'이란 말을 'Martus'라고 하는데 여기서 영어의 순교자(Martyr)라는 말이 나왔습니다. 따라서 우리는 주시는 메시지를 위해서는 핍박에 얽매이지 말아야 합니다.

(2) 하나님의 뜻에 '순종해야' 합니다.

믿음이란 말을 요약하면 듣는 것이고 듣는 것과 순종이란 말은 동의어입니다. 순종이란 하나님의 요구에 응하는 것을 말합니다. 따라서 순종하면 하나님의 시험에 합격하게 되고, 우리를 위해서 예비된 복을 받게 됩니다. 아브라함의 경우를 보면 그가 하나님의 뜻에 순종할 때에 "네 씨로 말미암아 천하 만민이 복을 얻으리라"고 했습니다. 상상할 수 없는 복을 받은 것입니다.

민수기를 보면 광야에서 이스라엘 백성들이 구름과 불이 떠오르면 앞으로 진행하였고, 구름과 불이 머무르는 곳에 진행을 멈추었습니다. 그 때에 그들은 평안했고 승리했습니다.

(3) '능력의 사람'이 되어야 합니다.

인간의 성공은 능력을 최대한 활용할 때 이루어집니다. 사실 세상에 보면 아이큐가 높고 능력은 많은데 그것을 활용하지 않아서 성공하지 못하는 경우를 많이 볼 수 있습니다.

그러면 능력이 어디서 나타납니까? 성도들의 능력은 기도에서 나옵니다. 기도는 결코 허공을 치는 허사가 아닙니다. 약자의 하소연도 아닙니다. 한가한 사람의 노름이나 불신자들의 공염불도 아닙니다. 살아 계신 하나님과 연결되어 놀라운 역사를 일으키는 영적인 다이너마이트요 불입니다. 그러므로 기도는 불가능을 가능하게 하고, 절망에서 희망을 갖게 하고, 무에서 유를 창조해 나아가는 것입니다.

(4)우리 안에 주신 '사랑을 표현' 하여야 합니다.

예수 믿기 전에는 물질을 사랑하고, 사람을 이용하지만 믿고 난 뒤에는 반대로 사람들을 사랑하고 물질을 이용하게 됩니다. 사랑은 소금과 같아서 맛을 내게 합니다. 중요한 것은 누구를 사랑하느냐에 따라 변합니다. 왜냐하면 인간은 사랑하는 자를 닮기 때문입니다. 예수님을 사랑합니까? 예수님처럼 변할 줄로 믿습니다. 돈을 사랑합니까? 그러면 돈처럼 변하고 더러워지게 됩니다.

사랑과 전쟁은 수단을 가리지 않는 것이 특징입니다. 최근 미국의 어떤 상원의원이 베트남에서 대위로 복무하고 있었을 때에 양민을 학살한 문제가 30여 년이 지난 지금 터져 나왔습니다만 중요한 것은 전쟁에는 수단을 가리지 않는다는 점입니다. 그것이 전쟁의 속성입니다. 그런데 사랑도 수단을 가리지 않습니다. 왜냐하면 사랑은 우리의 눈을 멀게 하기 때문입니다.

아가서를 보면 "사랑은 죽음과 같이 강하다"고 하였습니다. 또 "불과 같이 강하다", "홍수보다 더 강하다"고 하였습니다. 그래서 인간의 사랑은 참으로 강합니다. 그러나 부활하신 주님의 능력은 비교할 수 없을 만큼 강합니다. 마귀를 이기고 죽음을 물리치고, 세상을 이겼기 때문입니다.

맺는말

여러분 우리는 좋은 의미에서 천하를 어지럽게 하는 사람들인 것을 믿으십니까? 침묵이나 조용한 것만이 좋은 것이 아닙니다. 복음으로 세상을 어지럽게 해야 합니다. 어지럽게 한다는 말은 위와 아래를 바꾸어 놓는 것, upside down을 말합니다. 지금 세상은 모든 가치관이 무너져 있습니다. 이것을 바로 잡는 것은 오직 복음밖에는 없습니다. 오늘 그 사명이 우리들에게 주어져 있습니다. 그것은 의무일 뿐만 아니라 또 축복이기도 합니다.

그런데 세상에 섞여서 즐기고 살다 보면 세상 사람들과 같아집니다. 덴마크의 유명한 실존주의 철학자인 키에르케고르의 유명한 예화가 생각납니다. 한번은 야생 오리 한 마리가 날아가다가 집에서 키우는 오리 떼들을 발견하고 내려와서 함께 오리 우리에서 살게 되었습니다. 몇 달 동안 주인이 주는 것을 잘 먹으면서 편안하게 살았습니다. 그런데 하루는 야생 오리들이 머리 위를 날아가는 것을 보고 자기도 본래의 자기 무리인 야생 오리들에게로 돌아가려고 마음을 먹게 되었습니다. 그래서 하늘을 향해 날려고 하는데 이것이 웬일입니까? 집에서 키우는 오리들과 함께 살다 보니 땅에서 걸어만 다녔기 때문에 뒤뚱거리기만 했지 날개에 힘이 없었습니다. 이제는 하늘을 날 수 없게 된 것입니다. 오늘의 우리들이 그런 하늘을 날지 못하는 야생 오리가 되지 않기를 바라면서 다음 한 주간이라도 복음으로 세상을 어지럽게는 못할망정 우리 주변 사람들에게 우리 교회의 부흥회를 알려서 작게나마 복음 증거에 도움을 줄 수 있기를 축원합니다.

항아리에 물을 채우라

(요2:1-11)

오늘 우리는 요한복음에 기록된 예수님의 첫 번째 이적을 함께 살펴 보면서 오늘도 우리의 절박한 상황들이 주님의 놀라운 기적들을 통해서 하나님의 권능으로 해결될 수 있기를 축원합니다.

1. 당시의 절박한 형편 '포도주가 모자란지라'.

이것은 오늘의 관점에서 보면 리커 스토아에 가서 사오면 되는 아주 간단한 일이지만 그러나 당시에는 이것이 아주 절박한 상황이었습니다.

갈릴리 지방에 있는 가나라는 작고 궁벽한 마을이 있었습니다. 그 마을에서는 혼인 잔치가 마을 전체에는 아주 즐겁고 경사스러운 중요한 날이었습니다. 마리아와 예수님도 초청을 받은 것을 보면 어쩌면 친척이었던 것 같습니다. 더구나 마리아가 중요한 위치에 있었던 것을 보면 신랑보다 손위에 있었던 것 같습니다.

그런데 놀라운 것은 마리아의 남편인 요셉의 이름이 빠져 있습니다. 아마도 마리아보다 훨씬 나이가 많았던 요셉은 벌써 죽은 것으로 보입니다. 이때 예수님은 그 가정의 장자로서 가족의 생활을 책임지고 목수의 생활을 하셨습니다.

놀라운 것은 예수님은 나무와 깊은 관계가 있다는 점입니다. 시편 132편 6절에 보면 '나무 밭에서 찾았도다'라고 했습니다. 하나님의 법궤를 나무 밭, 아주 평범한 나무 밭에서 찾았다는 것입니다. 그런데 예수님의 경우를 보면 나무로 만든 말구유에서 태어나시고, 나무를 가지고 다루는 목수의 직업을 가지셨고, 죽으실 때에는 나무에 달려 죽으셨던 것입니다. 이것은 노동의 신성을 보여주기도 하지만 그러나 가장 중요한 것은 주님의 낮아지심을 보여주는 구체적 예입니다.

그런데 이 경사스러운 혼인 잔치에 문제가 터진 것입니다. 포도주가 모자랐던 것입니다. 한국의 혼인 잔치에는 국수가 중심이 됩니다만 그러나 유대인의 혼인잔치에는 포도주가 주를 이룹니다. 그래서 유대인들의 격언에 보면 '포도주가 없으면 기쁨도 없다'는 말이 있을 정도입니다. 저도 유대인들의 초대를 받아 그들의 안식일 행사에 참여한 적이 있는데 그들은 안식일에 반드시 포도주 한잔을 마시는 관습이 있습니다. 그것은 기쁨을 함께 나눈다는 뜻입니다.

당시의 혼인 잔치에는 네 가지의 행사가 따릅니다. 첫째로 결혼축하연이 먼저 있습니다. 둘째는 혼인예식이 있는데 이 예식은 같은 날 저녁시간에 치러집니다. 셋째로 결혼한 부부를 호위하고 집을 향해 통과하는 의식이 있습니다. 이 행렬은 흔히 밤에 이루어집니다. 그래서 횃불을 들고 갑니다. 넷째는 한 주간 내내 문을 열고 손님을 맞이합니다.

그런데 문제는 포도주가 모자랐습니다. 당시에 혼인 잔치에서 포도주는 중요한 의미를 가집니다. 지금도 그렇지만 당시 유대에서는 맑고 깨끗한 식수가 아주 귀했습니다. 그래서 많은 경우에 독일에서 맥주라는 대체 음료를 사용하듯이 유대에서는 포도주라는 대체음료를 사용하였습니다. 그러므로 포도주가 모자란다는 것은 심각한 상황입니다. 자칫하면 연회에 참석한 사람들에게 영향을 미칠지 모르는 지경이었습니다. 즐거운 분위기가 사라질 위기가 된 것입니다.

마리아는 물질적 궁핍의 문제에 관심을 가졌던 것입니다. 물론 주님은 이런 궁핍의 문제를 해결하기 위해서 오신 분이십니다. 그러나 본문에 보면 예수님은 보다 중요한 주님의 때에 대해서 주목을 하게 한 것입니다. 여기서 말한 주님의 때라는 단어는 'Hora'라는 말인데 그 뜻은 정한 시간을 말합니다. 다시 말하면 바로 십자가의 때를 말씀한 것입니다. 십자가의 때는 인간의 근본적인 문제인 죄의 문제를 해결해주는 때입니다. 우리를 거듭나게 하기 위해서 죽으셔야만 하는 때를 말합니다.

여기서 우리는 마리아와 예수님의 관심의 차이를 발견합니다. 마리아는 물질적 사회적 관심에 신경을 더 썼습니다. 사회적 궁핍의 문제, 사회적 평화, 사회적 풍요, 사회적 정의 등. 그러나 예수님의 관심사는 보다 근본적인 데 있었습니다. 행복, 생명, 사랑, 믿음, 소망, 천국 등.

오늘의 문제도 모자라는데 있습니다. 식량이 모자라고, 에너지가 모자라고, 원자재가 모자랍니다. 이것저것 모자랍니다. 그러나 본래 하나님께서 세상을 창조하였을 때에는 충분하게 창조하였습니다. 그런데 문제는 인간의 욕심이 문제입니다. 에너지만 해도 미국이 세계 에너지의 반을 사용하고 있습니다. 식량문제만 해도 애완용 동물을 키우느라고 굶어 죽어가는 사람들에게 관심을 기울일 수가 없습니다.

2. 모자랄 때 해결의 방법은?

(1) 먼저 우리의 사정을 주님께 보고해야 합니다.

기도해야 합니다. 본문을 보면 마리아는 예수님에게 그 전후의 사정을 말씀했습니다. 그런데 우리는 기도하지 않고 걱정만 합니다. 기도할 수 있는 동안 우리는 염려할 필요가 없습니다.

그런데 놀라운 것은 이렇게 보고할 때 예수님께서 좀 무뚝뚝하게 이렇게 말합니다. '여자여 나와 무슨 상관이 있나이까?' 그러나 알아야 할 것은 여자여란 말이 원문에는 존칭어입니다. 영어의 lady란 뜻입니다. 그래서 천주교에서는 성모 마리아를 부를 때 'our lady'라고 부릅니다.

우리말에는 좀 퉁명스러운 말이지만 본래의 뜻은 아닙니다. 여기서 예수님께서 이 '여자여'(gune)라는 말을 사용한 것은 이 기적에는 어머니로서의 모권을 사용할 수 없다는 것을 일깨워주신 것입니다.

(2) 무슨 말씀을 하시든지 그대로 해야 합니다.

두 번째 방법은 '무슨 말씀을 하시든지 그대로 하라'는데 있습니다. 물론 주님이 하시는 일을 우리는 다 이해할 수는 없습니다. 그러나 '그럼에도 불구하고' 하는 것이 바로 신앙적 행위입니다. 우리는 이해가 안 되어도 하나님이 말씀하시면 무슨 말씀을 하시든지 그대로 하는 믿음이 있어야 기적이 일어납니다. 지금도 기적은 있습니다. 그러나 기적이 드문 것은 우리들이 아무리 주님의 말씀이라 해도 이해하기 전에는 순종하지 않기 때문입니다. 그러므로 나의 생각을 표준하지 말고 주님의 말씀을 표준 할 수 있기를 축원합니다.

(3) 세 번째 방법은 '항아리에 물을 채우라'는 것입니다.

당시 30갈론 드는 여섯 개의 돌 항아리는 식수이기도 하지만 중요한 것은 손을 씻고 그릇들을 씻는데 사용하는 종교적 관례에 사용하였습니다. 그런데 오늘 우리들에게도 돌 항아리는 있습니다. 나라는 돌 항아리입니다. 이 항아리는 물이 없는 상태, 즉 갈증으로 되어 있으면 안 됩니다. 채워야 합니다.

오늘 항아리에 물을 채우라는 말씀은 준비하라는 뜻입니다. 하나님의 역사가 나타날 수 있도록 인간이 할 수 있는 준비를 하라는 것입니다.

왜 예수님은 이런 명령을 하셨을까요? 당시 물을 채워 넣은 사람들은 하나님의 나라의 기쁨과 즐거움을 체험할 수 있었기 때문입니다. 혼인 잔치에 참여한 사람들은 자연의 법칙만을 알고 있었고, 그 안에서만 살고 있었던 사람들입니다. 그들에게 자연의 법칙을 초월할 수 있는 기회가 온 것입니다.

그러므로 우리의 자아란 항아리와 교회란 항아리에 물을 채울 수 있기를 바랍니다. 말씀으로 채우고, 기도로 채우고, 찬송으로 채우고, 사랑으로 채우고 열심히 채우고 우리가 할 수 있는 모든 것으로 채우면 하나님은 그것을 맛없는 물을 포도주로, 향기 없는 물을 향기 있는 포도주로 변화시키듯이 놀라운 기적을 우리들에게 베풀어 주실 줄로 믿습니다.

(4) 축복을 나누어주는 일은 사람이 해야할 일

마지막 방법은 '이제는 떠서 연회장에게 갖다 주라', 즉 갖다 주는데 있습니다. 하나님이 주신 축복을 나누어주는 일은 하나님의 일이 아니라 사람의 일이라는 것입니다. 여기서 주목할 말씀은 우리는 하나님의 축복을 나누어주는 전달자라는 점입니다. 기쁨은 나눌수록 커지듯이 하나님의 축복은 이상하게도 나눌수록 커지지 작아지지 않습니다. 그러므로 나누는 희생과 아픔을 함께하시기를 축원합니다.

3. 표적의 결과는?

(1) 신랑의 필요가 충족되었습니다.

당시 신랑은 대단히 절박한 상황이었습니다. 그 필요가 충족된 것입니다. 인간에게는 물질적인 것도 대단히 절박할 때가 가끔 있습니다. 그러나 하나님의 축복이 임하면 지금도 우리의 모든 필요가 다 충족될 줄로 믿습니다.

(2) '그 영광을 나타내시매'.

그리스도의 영광이 나타났습니다. 어떤 면에서 주님의 영광이 나타났습니까?

첫째는 예수님께서 만유의 주가 되심을 이 이적은 보여주었습니다.

둘째는 하나님의 나라가 도래했다는 것을 증명해주었습니다.

셋째는 하나님 나라의 기쁨을 맛보게 하였습니다. 오늘도 우리 교회를 통해서 주님의 영광이 나타날 수 있기를 축원합니다.

(3) '제자들이 그를 믿으니라'.

제자들의 신앙이 더욱 강하게 되었다는 것입니다. 당시 예수님의 제자들은 이 첫 번째 이적을 통해서 예수님의 권능을 체험하였습니다. 지금 우리들에게 필요한 것은 체험입니다. 체험은 신앙의 근본은 아닙니다. 말씀이 근본입니다. 그러나 이 말씀이 주관화되고, 활성화되고 힘이 되려면 체험이 필요합니다. 그런데 예수님의 제자들은 이적 체험을 통해서 믿음이 더욱 성장했습니다.

맺는말

이제 설교를 마치려고 합니다. 지금도 기적은 일어나지만 없는 것은 우리의 믿음이 없기 때문이고, 말씀대로 하는 순종이 없기 때문입니다. 먼저 항아리에 물을 채웁시다. 양질의 포도주로, 향기 나는 포도주로 맛있는 포도주로 변화시키는 것은 하나님이 하실 것입니다. 이제 우리는 먼저 할 것부터 찾아서 해야 합니다. 물을 자아란 항아리에 교회란 항아리에 채우는 수고가 있어야 하고, 믿음이 있어야 합니다. 기적은 믿음의 아들이기 때문입니다.

큰바람이 불어

(요6:16-21)

요한복음에는 예수님께서 행하신 그 많은 기적 가운데서 7가지만을 기록하고 있는데 오늘의 말씀은 그 다섯 번째 기적입니다. 지난 시간에 살펴본 오병이어의 기적과 오늘의 기적은 서로 짝을 이루는 것입니다. 모세 당시 하나님께서 만나와 메추라기를 먹이신 것처럼 이번에는 신약의 모세인 예수님을 통해서 오병이어의 기적을 일으키신 것을 연결시켜 주고 있습니다. 또 구약시대에 모세를 통해서 홍해바다를 건너게 한 것처럼 오늘의 본문에서는 신약의 모세인 예수님을 통해서 바다를 잔잔케 해주셨다는 것은 서로 짝을 이루게 하심으로 예수님께서 하나님의 아들이시오 메시야 되심을 증명해준 것입니다.

그래서 본문에서는 주님이 바다를 잔잔케 하신 사건을 통해서 공간을 초월하여 바다까지 지배하시는 주님의 신적 권위를 통해서 하나님의 나라가 임하고 있음을 증명해주는 내용입니다.

갈릴리 바다는 그 길이가 4~6마일밖에 안 되는 아주 작은 호수입니다. 주변에는 산으로 둘러싸여 있어서 해가 지면 공기가 식어지면서 좁은 산허리를 타고 내려오는 찬바람이 예상치 않은 스쿠얼이라는 돌풍으로 변하는 바람에 큰 풍랑이 일곤 합니다. 그러나 평소에는 정말 한 폭의 그림처럼 아름다운 호수입니다. 저도 그곳에 몇 번 가보았지만 기억에 생생하게 느껴지는 곳입니다.

오늘 우리는 이 사건을 통해서 왜 주님이 바로 이 시점에서 그의 왕적인 권능을 보여주셨는가를 알아야 합니다. 사실 15절에 보면 유대인들이 예수님을 억지로 왕으로 삼으려고 하였습니다. 이유는 주님만 모시면 먹는 문제가 해결되고, 그의 권능으로 로마의 세력을 물리치기를 원했기 때문입니다. 그런데 주님은 거절을 하였던 것입니다. 제자들도 실망한 것은 말할 것도 없습니다. 이제는 주님을 쫓아다닌 목적을 이루게 되었다고 내심 생각하고 있었기 때문입니다. 그런 그들에게 주님은 그 작은 유대의 왕은 거절하여 피하였지만 사실은 그가 바다도 지배하는 분, 즉 만물의 주가 되심을 보여주어 그들의 안목을 넓혀주고, 큰 그릇들로 만들기를 원했던 것입니다.

그러면 이제 크게 세 가지 내용으로 살펴보면서 함께 은혜를 나누려고 합니다.

첫째는 왜 제자들이 두려워하였는가?

둘째는 큰바람에 불게 된 이유는 무엇인가?

셋째는 이 두려움을 극복하는 비결은 무엇인가?

이 세 가지를 서로 연결하여 살펴보려고 합니다.

1. 제자들이 두려워한 원인들

(1) 어두움에 처하였기 때문에 제자들은 두려웠습니다.

어두우면 문제는 보이지 않습니다. 안 보일 때에는 인간의 감정은 더욱 긴장되기 마련입니다. 우리가 미래에 대한 두려움을 가지는 이유도 미래를 볼 수 없기 때문에, 어떤 일이 다가올는지를 아무도 예측할 수 없기 때문에 우리는 두려움을 느끼는 것입니다.

저는 어려서 어둠을 가장 두려워하였습니다. 그래서 밤에는 집 뒤에 있는 뒷간을 갈 수가 없었습니다. 그 당시 제가 살던 마을에는 전깃불이란 것이 없었기 때문입니다. 그래서 황솔나무에 불을 붙여서 겨우 밤에 뒷간을 갔습니다. 한번은 충주서 중학교에서 공부하다가 주말에 수안보까지 가는 버스를 타고 밤늦게 도착을 하였는데 거기서 2킬로는 가야 저의 집입니다. 게다가 비까지 내리는 칠흑 같은 밤이었습니다. 혼자서 성황당을 지나 보이지 않는 밤길을 건너간 그 무서움을 지금도 잊을 수가 없습니다. 어디 저만 그렇습니까? 사람은 누구나 다 어두움을 두려워합니다. 제자들도 어두움을 두려워하였던 것입니다.

(2) 유령인 줄 알고 두려워하였다고 했습니다.

놀라운 것은 제자들이 주님이 물위로 걸어오는 것을 보았을 때에 기뻐한 것이 아닙니다. 두려워하였다고 했습니다. 유령인 줄 알았기 때문입니다. 인간이 어두움을 두려워하는 이유의 하나는 유령은 어두움 속에서 흔히 나타나기 때문입니다.

왜 그러면 제자들이 예수님을 유령인 줄로 착각했을까요?

첫째로 그들은 주님이 물위로 걸어오시리라고 전혀 예측하지 못했기 때문입니다.

둘째는 어두워서 잘 보이지 않았던 것입니다. 물론 그 점이 유월절 때였기 때문에 보름달이 있었던 것은 사실이지만 구름이 많이 낀 날이었기 때문에 희미하게만 보였던 것입니다. 모든 것이 환하게 보이면 두려움은 없습니다. 그러나 희미하게 보일 때에는 두려움이 찾아옵니다. 그래서 우리는 영안이 밝아야 합니다.

셋째는 파도소리 속에서 들려오는 주님의 음성이 뚜렷하지 않았기 때문입니다.

(3) 예수님과 함께 있지 않기 때문에 제자들은 두려웠던 것입니다.

제자들이 떠날 때에는 아직 주님은 제자들과 함께 있지 않았습니다. 17절에 보면 "예수는 아직 저희에게 오시지 아니하셨더니" 마가복음 6:45절에는 아주 분명하게 "예수께서 즉시 제자들을 재촉하사 배 타고 앞서 건너편 벳새다로 가게 하시고"라고 기록하고 있습니다. 부모 없이 자녀들이 캄캄한 집에 있을 때에는 두려움이 오는 것입니다. 그러므로 우리들은 이 광야에서 혹은 파도가 언제 다가올는지 알 수 없는 상황 속에서 주님과 함께 동행할 수 있기를 바랍니다. 주님 없는 항해는 마치 선장 없는 배의 항해 같아서 그 자체가 바로 위험을 뜻하는 것입니다.

바다에도 지도가 있습니다. 어디에 가면 조류가 험하게 흐르고 있고, 어디에 가면 암석이 많아서 배가 파선될 수 있고, 어디에 가면 상어 떼가 많고 등등. 그런데 이런 것은 경험이 많고 바다에 대한 지식이 많은, 오직 선장만이 그런 것을 환하게 압니다. 그래서 선장 없이 바다를 항해한다는 것은 바로 파선의 위험을 뜻하는 것입니다. 그러므로 인생의 선장이신 주님과 함께 동행하기를 축원합니다.

(4) 폭풍을 만났기 때문에 제자들은 두려웠습니다.

제자들이 떠날 때에는 바람이 잔잔하였습니다. 순풍이었습니다. 그래서 제자들은 이번 항해는 대단히 성공적이라고 믿고 기뻐했을 것입니다. 어두워지는 무렵이었기 때문에 4마일 정도는 캄캄하기 전에 도착할 것이라고 믿었을 것입니다. 그런데 바람이 불어서 빨리 갈 수가 없습니다. 그래서 시간이 지연되면서 사방은 캄캄해집니다. 이때 제자들이 있었던 것입니다.

미국에는 웨스트포인트라는 세계적인 육군사관학교가 있습니다만 한국에도 여러 사관학교가 있습니다. 저는 하나님의 은혜로 육군사관학교와 공군사관학교에서 2년 동안 성경을 가르칠 수 있는 기회가 있었습니다. 그런데 훈련이 얼마나 심한지 중간에 퇴교당하는 학생들이 적지 않습니다. 한 사람의 장교를 키우려면 이런 훈련이 필요한 것입니다. 하나님도 마찬가지입니다. 저와 여러분들을 이 광야 같은 세상에서 하나님이 사용할 그릇으로 만들려면 많은 훈련이 필요한 것입니다. 그러므로 이 땅에서 당하는 수많은 시련과 역경이 바로 이런 훈련인 것을 믿으시기 바랍니다.

(2) 믿음의 성장을 위하여

믿음은 그냥 성장하는 것이 아닙니다. 온실 속의 꽃은 아름답기는 하지만 한 번 바람이 불면 금방 넘어지고 맙니다. 엘에이의 나무들은 바람에 약합니다. 왜냐하면 수돗물을 먹고 자라기 때문입니다. 나무는 본래 키에 비례해서 뿌리가 자라야 합니다. 대개 산에 심겨진 나무들은 물을 빨아들이기 위해서 물을 찾아 뿌리가 깊게 뻗어갑니다. 그래서 바람이 불어도 잘 견딥니다. 그러나 엘에이에서는 스프링클러를 통해서 물을 공급받기 때문에 뿌리가 길게 벋을 필요가 없습니다. 그래서 바람이 한번 지나가면 쓰러지는 나무들이 많습니다.

인생도 마찬가지입니다. 팔자 좋게 태어나 팔자 좋게 살던 사람들은 6.25같은 큰일이 일어나니까 다 쓰러지는 것을 보았습니다. 저는 잡초같이 컸습니다. 그래서 아무리 밟아도 다시 일어섰습니다. 왜 그랬을까요? 하나님이 저를 어려운 역경에서 쓰시려고 그런 것입니다. 그러므로 역경이나 고난은 믿음을 키우는 기회로 삼으시기 바랍니다.

(3) 큰 그릇으로 사용하기 위한 하나님의 섭리

은장색들을 보면 여러 번 용광로에 넣어 불순물을 걸러내는 것을 볼 수 있습니다. 우리도 정말 귀한 그릇이 되려면 고난과 역경의 용광로가 필요한 것입니다. 그러므로 우리가 당하는 고난은 물론 때로는 죄 때문에 죄를 회개할 기회로 주시는 경우도 없지 않습니다만 그렇게 문득 두려움이 다가온 것입니다.

여러분 바다에서 폭풍을 만난 적이 있습니까? 저는 큰 풍랑을 만난 적은 없습니다. 워낙 바다 없는 내륙 충청북도에서 태어나 거기서 자랐기 때문에 수영도 할 줄 모르고 물을 보면 무서워합니다. 그런데 총신 교수로 있을 때 해금강 가에서 세미나를 한 적이 있었습니다. 그래서 함께 배를 타고 바다 구경을 떠났습니다. 뱃사공이 스무 살 정도의 젊은 아이였습니다. 그래서 떠날 때부터 저 사람이 배를 제대로 저어서 섬을 돌 수 있을까 하고 의심이 생겼습니다.

아니나 다를까 한 삼십 분쯤 되니까 바람이 불기 시작하면서 파도가 치니까 그 작은 배가 흔들리고 심지어 물이 안으로 들어옵니다. 어떤 교수가 시작했는지 누가 나 두렴 없네 두렴 없도다 하면서 찬송을 부르는데 얼굴에는 평안이나 기쁨이 아니라 다들 사색입니다. 그런데 그 사공 한 사람만이 태연합니다. 그래서 저는 배의 난간을 손에서 땀이 나도록 꼭 잡고 눈을 감았습니다.

그러나 두려움은 계속 왔습니다. 아마 제자들의 심정이 그랬을 것입니다. 물론 어부 출신들이니까 좀 나을지 모르겠습니다. 그러나 유대인들은 물을 무서워하기 때문에 당시 해외 무역은 페니키아 사람들이 전담을 하였던 것입니다.

⑸ 죽음에 대한 두려움 때문에 제자들은 두려워하였던 것입니다.

이제는 죽었구나 하고 생각하였기 때문에 두려움이 왔던 것입니다. 인간에게 가장 큰 두려움은 죽음에 대한 공포입니다. 왜냐하면 죽음은 연습도 없고, 반복도 없기 때문입니다. 아이들도 너 죽어 하고 소리치면 울다가도 뚝 그칩니다.

2. 왜 큰 바람을 불게 하셨는가?

(1) 훈련의 필요성 때문입니다.

오병이어의 기적이 대중을 상대로 한 기적이라면 바다 위를 걸으신 오늘의 기적은 제자들의 훈련용이란 점이 특색입니다. 주님은 그의 제자들을 3년씩이나 훈련을 시켰습니다. 그것도 개인적인 훈련을 중심으로 시켰습니다. 텔레비전을 보면 운동선수들이 영웅입니다. 그런데 그런 선수들을 보면 그냥 금방 된 것이 아닙니다. 오랫동안의 훈련이나 하나님께서 요셉처럼 큰 인물로 만드시기 위해서 우리에게 수많은 역경을 주시기도 하는 것입니다.

3. 두려움을 극복하는 비결은?

(1) "내니"라고 했을 때 제자들은 두려움이 없어졌습니다.

주님이 오셔서 "내니"라고 했을 때 두려움은 사라졌습니다. 여기서 내니란 말은 '에이미', 즉 모세가 하나님의 이름을 처음 들었을 때에 하신 말씀과 똑같은 말입니다. 나는 스스로 있는 자니라. 즉 예수님은 자신이 하나님의 아들이심을 상기시켜 주신 것입니다. 역경 속에 있는 제자들에게 이보다 더 위로가 되고 힘이 되는 말씀은 없을 것입니다.

(2) 주님이 잠잠하라고 했을 때입니다.

제자들이 예수님을 배로 영접하였을 때에 파도는 잔잔해졌고 제자들의 두려움은 사라졌습니다. 이것은 오늘도 마찬가지입니다. 저와 여러분들이 우리들의 배안에 선장되신 예수님을 영접만하면 우리의 배는 항구로 갈 수 있습니다. 파도를 잔잔케 할 수 있습니다.

(3) 믿음이 생겨졌을 때

주님께 대한 믿음이 생겨졌을 때에 두려움은 사라졌습니다.

다시 말하면 두려움은 인간의 무능력과 하나님께 대한 불신에서 시작되는 것입니다. 가나안 땅을 정탐하고 돌아온 열 명의 정탐꾼들이 보고하기를 '가보니 그들은 거인들이요 성은 높고, 비교해 보니 우리는 메뚜기에 불과합니다.'하고 두려워한 것은 불신에서 시작된 것입니다. 또 홍해바다 앞에서 이스라엘 백성들이 두려워했던 것도 사실은 불신에서 온 것입니다. 그러나 반대로 우리가 믿음을 가지면 두려움은 안개처럼 사라집니다. 믿습니까?

맺는 말

오늘 우리는 주님이 바다 위를 걸으신 기적을 통해서 주님은 초자연적 권능을 소유하신 하나님의 아들이시요, 메시야이심을 발견합니다. 여기서 중요한 것은 주님은 제자들을 보내신 후에도 산 위에서 제자들의 모습을 계속해서 보고 계셨다는 것, 또 단순히 보고만 계신 것이 아니라 제자들이 괴로워하고 힘들어 할 때에 오셔서 그들을 도와주시고, 심지어 항구까지 인도해주셨다는 점입니다.

주님은 절대로 그를 따르는 제자들을 그냥 내버려두지 않으십니다. 그러므로 우리는 결코 이 광야 세상에서 살고 있지만 결코 혼자가 아니며 큰 풍랑 속에 그냥 내버려 두지 않으신다는 것을 잊지 말기 바랍니다. 다른 것은 다 의심할 수 있어도 주님의 사랑만은 영원하시고, 변함이 없다는 것을 믿고 오늘도 날마다의 삶속에서 두려움 없이 성공할 수 있기를 축원합니다.

버리는 것이 없게 하라

(요6:1-15)

　보리떡 다섯 개와 물고기 두 마리로 5000명을 풍족하게 먹이고도 12 광주리에 남기신 예수님께서 하신 말씀은 '버리는 것이 없게 하라'는 것이었습니다. 오늘은 이 말씀을 중심으로 함께 은혜를 나누려고 합니다.

1. 먼저 우리의 현실 문제부터 살펴보도록 하겠습니다.

　지금 우리의 현실은 디베랴 바다 건너편에 있는 큰 무리들처럼 어디서 떡을 사서 먹게 하겠느냐는 고민처럼 경제적 문제로 심각한 상황에 놓여 있습니다. 경제적 불균형이 얼마나 심각한지 한국에서 매일 쓰레기로 버리는 음식들만 모아도 북한을 구제하고도 남는 정도입니다. 그래서 한국에서는 쓰레기 안 버리기 운동을 벌이고 있지만 그럼에도 불구하고 쓰레기는 자꾸 늘어가고 있습니다.

　지금 미국에서의 현실은 어떻습니까? 세계에서 쓰레기를 제일 많이 버리는 나라가 바로 미국입니다. 물론 지금 쓰레기를 재활용하기 위해서 리사이크링 공장들이 많이 있고, 우리 교회의 장로님 가운데서도 이런 지구를 구원하는 일들에 두 분이나 종사하고 있습니다.

　그러나 오늘의 진정한 문제는 영적인 굶주림입니다. 그래서 암 8:11 절에 보면 "내가 기근을 땅에 보내리니 양식이 없어 주림이 아니며 물이 없어 갈함이 아니요 여호와의 말씀을 듣지 못한 기갈이라"고 진단하고 있습니다. 물론 엘에이에 유명한 목회자들도 많고, 교회도 많지만 그러나 장마 때에 오히려 식수가 귀하듯이 지금 우리의 사정이 바로 참된 말씀이 희귀한 때가 온 것입니다.

2. 오늘의 우리 문제를 해결하기 위한 방법은?

(1) 빌립의 비관적 신앙의 방법

빌립은 주님께서 "우리가 어디서 떡을 사서 이 사람들로 먹게 하겠느냐?"고 물었을 때에 "각 사람으로 조금씩 받게 할지라도 이백 데나리온의 떡이 부족하옵니다."고 대답했습니다. 다시 말하면 그는 비관적인 신앙을 가지고 있었던 것입니다. 오늘날도 많은 사람들이 교회에 나오지만 비관적인 신앙을 가지고 있습니다. 오늘의 우리의 당면 과제를 해결하기에는 우리의 신앙이 큰 도움이 안 된다고 생각하고 있는 것입니다. 따라서 신앙을 현실 문제를 해결하는 데 아무런 도움이 안 된다고 보는 이런 비관적 신앙관은 형식적인 신앙에 불과합니다.

이런 신앙은 홍해 바다를 가르고, 요단강을 마르게 하며 여리고 성을 무너뜨린 하나님의 권능을 잊고 있는 것입니다. 물론 하나님의 권능을 전혀 불신하는 것은 아니지만 오늘날 우리가 당면한 큰 문제를 해결하기에는 '부족하옵니다.'라고 믿는 것입니다. 그러나 시편 23편 1절은 분명히 여호와는 나의 목자시니 내가 부족함이 없으리로다고 고백하고 있습니다. 믿습니까?

(2) 안드레의 의심하는 신앙

안드레는 빌립과는 달리 낙관적으로 보았습니다. 그러나 문제는 그는 의심을 하였습니다. 오늘 우리들의 신앙도 그동안 하나님께서 베푸신 권능을 기억하고 있으면서도 과연 지금도 또 그런 권능이 나타날까 하고 의심하는 것입니다.

그러나 안드레가 한 놀라운 사건은 '관계회복'의 방법을 활용했다는 점입니다. "여기 한 아이가 있어 보리떡 다섯 개와 물고기 두 마리를 가졌나이다." 어른들이 무시하기 쉽고, 눈여겨보지 않는 한 아이에게 안드레는 시선을 돌렸습니다. 자기가 먹으려고 가지고 온 도시락, 보리 떡 다섯 개와 물고기 두 마리를 안드레에게 가져온 것입니다. 아마도 이 어린아이는 그것을 주님께 드려서 시장기를 면하게 하려고 했을 것입니다. 안드레는 이것을 다시 주님께로 연결시킨 것입니다. 바로 이 자세가 우리들에게 필요합니다. 의심이 안 되는 것은 아니지만 그럼에도 불구하고 주님께로 연결시키는 것이 필요합니다. 안드레는 그 후에도 항상 사람들을 주님께로 인도했습니다. 요한복음 1:41절에 보면 의형제인 베드로를 주님께로 인도했고, 또 오늘의 본문에서 볼 수 있듯이 아이를 주님께로 연결시켜주었고, 요한복음 12:22절에 보면 헬라인들을 주님께로 인도하였습니다. 이것이 중요한 것입니다. 언제나 주님께로 인도하면 되기 때문입니다. 나머지 것들은 다 주님께 맡기는 것입니다.

다시 말하면 어떤 문제든지 주님께로 가져오면 됩니다. 주님은 단순히 우리의 영적 문제만 해결해주시는 분은 아닙니다. 심지어 정치, 경제, 문화, 사회 등 모든 문제를 해결해주실 수 있는 분이 바로 우리의 주님이십니다. 문제는 우리가 주님과 연결시키지 못하고 있는 것입니다.

(2) 오병이어의 신앙

예수님의 적극적인 흔들리지 않는 신앙의 방법이 있습니다. "이 사람들로 앉게 하라" 주님은 보리떡 다섯 개와 물고기 두 마리로 5000명을 먹일 수 있다고 믿은 것입니다. 바로 오늘날 우리들에게 필요한 것은 이런 적극적 신앙, 흔들리지 않는 신앙입니다. 그런데 주님은 그의 권능을 나타낼 때 몇 가지 유의한 것이 있습니다.

(가) 첫째로 질서를 존중했다는 것입니다. 모두들 앉게 했습니다.

(나) 둘째는 조직을 통해서 모든 힘을 다 활용한 것입니다. "남은 조
각을 거두고"

(다) 셋째는 절제를 하도록 했습니다. "버리는 것이 없게 하라" 참 놀
라운 것은 주님이 그렇게 능력이 많으신데도 버리는 것이 없게
하라고 한 점입니다. 그래서 12광주리에 담았습니다. 왜 하필이
면 12광주리에 담았을까요? 그것은 12제자들을 위해서 준비하
신 것입니다. 이것은 하나님은 항상 그의 종들을 위해서 풍성하
게 준비하신다는 것을 보여줍니다.

3. 우리에게 이적이 일어나게 하는 비결은?

지금 우리는 이적이 필요한 때에 살고 있습니다. 우리 교회의 건축을
위해서도 하나님의 이적이 필요합니다. 우리 성도들의 가정을 위해서도
이적이 일어나야 합니다. 그동안 하나님은 우리들의 기도에 응답을 하
셨고 또 이번에도 하실 것입니다. 그러면 그 비결이 무엇입니까?

(1) 먼저 자신의 희생이 있어야

첫째는 한 아이가 자기가 먹을 점심을 주님을 위해서 내놓은 것처럼
우리들에게도 그 작은 희생이 있어야 합니다. 당시 어른들 가운데도 떡
이나 생선을 가지고 온 사람들이 없지 않았을 것이지만 그들은 구경꾼
노릇만 했습니다. 그러나 이 어린아이는 아주 단순하게 결정을 한 것입
니다. 우리 교인들 중에도 이번에 몇몇 분들이 믿음으로 큰 결정을 하
신 분들이 있는데 제가 알고 있는 몇몇 분들에게는 실제로 기적이 일어
나고 있는 것을 저는 보고 있습니다. 나머지 모든 분들에게도 그런 체
험이 있기를 축원합니다.

(2) 이적의 비결

이적이 일어나는 두 번째 비결은 안드레가 한 것처럼 주님과의 연결

을 맺어주어야 이적이 일어납니다. 이적은 주님이 나타내시는 것입니다. 그러므로 우리의 작은 정성이 주님과 연결되어야 합니다. 그때에 권능이 나타나고, 이적이 일어납니다.

(3) 축복기도

이적이 일어나는 세 번째 비결은 "예수께서 떡을 가지사 축사하시고" 주님의 축복기도가 바로 이적을 일으키게 합니다. 왜냐하면 주님은 능력이 많으신 하나님의 아들이시기 때문입니다. 하나님께서 하늘과 땅의 모든 권세를 주님께 일임하셨기 때문입니다. 그러므로 우리도 주님의 축복을 받을 수 있기를 축원합니다.

(4) 나눔 없이는 이적은 일어나지 않는다.

이적을 일으키는 네 번째 비결은 "나눠 주시고" 나눔 운동의 필요성을 우리는 여기에서 발견하게 됩니다. 나눠줄 때에 오천 명을 먹이고도 12바구니에 남는 이적이 일어났습니다. 이제 우리는 초대교회가 한 것처럼 내 것을 다 내어줄 필요는 없습니다. 작은 정성이 필요합니다. 조금씩만 나눠만 주면 됩니다.

저는 한국에 있을 때에 저의 교회가 중심이 되어 일 년에 몇 번씩 헌혈운동을 벌여 한국 교회 전체에 그것이 확산되도록 한 적이 있습니다. 피는 다 주는 것이 아니라 조금씩 주는 것입니다. 그런데 놀라운 것은 피는 주면 또 생깁니다. 안 주면 안 생깁니다. 이것이 바로 하나님의 원리입니다.

4. 왜 주님은 버리는 것이 없게 하라고 하셨는가?

환경연구에 대한 것이 시작된 것은 아주 최근의 일입니다. 좀더 정확하게 말하면 1970년 영국에서 처음으로 환경청이란 것이 생겼습니다. 그래서 생태학이니 자연보호니 공해니 하는 것이 우리의 관심거리가 된 것입니다.

　이런 것이 문제가 된 것은 첫째로 인구의 폭발적인 증가, 둘째는 자연의 고갈, 셋째는 막대한 연료 소비입니다. 물론 미국에서 처음으로 '소비가 미덕입니다.'라고 해서 경제의 규모를 확장시킨 것이 사실입니다. 그러나 하나님은 우리들에게 그의 형상으로 창조하셨을 뿐 아니라 땅을 정복하라, 다스리라고 명령하시면서 책임을 우리들에게 맡겨주셨습니다. 이것은 우리들에게 땅을 다스리는 권세를 주셨다는 뜻입니다. 그러나 우리가 주인은 아닙니다. 주인은 바로 창조하신 하나님 자신입니다. 우리는 다만 하나님의 대리자로서 책임을 지고 다스려야만 하는 것입니다.

　하나님은 우리를 창조한 다음에 우리가 살아가는데 필요한 식량, 물, 의복, 주택, 에너지, 연료들을 준비하셨을 뿐 아니라 이런 것들을 잘 관리하기를 원하셨는데 불행하게도 우리는 마치 탕자처럼 지금 허랑방탕하며 사용하고 있습니다.

　가장 큰 문제는 비옥한 땅인 아프리카, 아시아가 잘못 사용하여 사막화가 되어 현재 지구의 50%가 사막화되어 있습니다. 석탄은 앞으로 2천 년 가량 지속될 정도로 많이 있습니다만 천연가스와 석유는 22세기 초를 넘기지 못할 정도입니다. 그래서 대체에너지를 연구하고 있습니다만 우리의 욕심을 줄이고 절제하지 않으면 인류는 결국 멸망하고 말 것입니다.

　하나님은 인간을 창조하실 뿐 아니라 자연까지 주셔서 하나님을 대신해서 잘 관리하도록 하셨는데 불행하게도 우리는 함부로 다루고 있습니다. 자연은 공장의 물건처럼 금방 만들어지는 것이 아닙니다. 아주 정교하기 때문에 아주 조심해서 다루지 않으면 안 됩니다. 특별히 지구상의 녹지대, 대양의 플랑크톤이 파괴되면 우리는 순환과정에서 다시 회복할 수 없는 상태에 이르게 될 것입니다. 지금 미국에서 우리가 살고 있는 그 수준의 생활을 전 세계에 확장시킨다면 우리는 다 죽습니다. 왜냐하면 지금 세계는 경제적으로 너무도 불균형에 처해 있기 때문입니다. 그러므로 하나님의 형상대로 지음을 받은 것을 믿는 우리 성도들이 먼저 각성해야 합니다. 검소한 생활로 다시 돌아가야 인류는 삽니다. 버리는 것이 없게 해야 우리 지구는 살아남습니다.

참으로 남을 구제하는 분들을 보면 모든 일에 검소하고, 버리는 것이 없게 하는 것을 볼 수 있습니다. 그러므로 우리 성도들도 그런 검소한 삶의 모범을 따를 수 있기를 축원합니다.

성경에서 영생을

(요5:30-47)

성경은 우리들에게 영원한 희망의 창문이요, 그 창문을 통해서 우리로 하여금 영원한 세계를 보도록 해주는 책입니다. 그뿐 아니라 성경은 천국을 향해 항해하는 항해도요, 나침판이기도 합니다. 그러므로 바라기는 이 성경을 통해서 많은 시혜와 축복과 능력을 얻으시기를 주님의 이름으로 축원을 드립니다.

1. 성경은 아기 예수님을 만날 수 있는 회망입니다

따라서 우리는 성경을 통해서 하나님을 만날 수 있고, 하나님의 음성을 들을 수 있고, 지혜를 얻을 수 있고, 또 성경에서 우리가 영생을 얻을 수 있습니다.

그런데 이런 귀한 축복을 성경을 통해서 받으려면 먼저 성경이 열리고, 다음에는 눈이 열리고, 끝으로 마음이 열려야 합니다. 눅 24:32절에 보면 엠마오로 가는 제자들이 주님과 대화를 하는 가운데 주님이 구약의 말씀들을 풀어주시자 그들의 마음이 열린 사건이 기록되어 있습니다. "서로 말하되 길에서 우리에게 말씀하시고, 우리에게 성경을 풀어주실 때에 우리 속에서 마음이 뜨겁지 아니하더냐?" 성경을 풀어주신다는 말은 성경을 열어준다는 뜻이요, 해석해 준다는 뜻이요, 깨닫게 되었다는 뜻입니다. 이렇게 성경이 열리자 마음의 문이 열리면서 깨닫게 되고, 뜨거워지고, 은혜가 임하였습니다. 그래서 성경은 귀중한 것입니다. 하나님이 우리들에게 주신 최고의 선물입니다.

2. 성경을 읽고 연구하고도 영생을 얻지 못하는 것은 무엇 때문일까?

성경을 읽고 연구하고도 영생을 얻지 못하는 것은 다음 세 가지 이유가 있기 때문입니다.

(1) 성경의 목적을 바로 깨닫지 못하기 때문

첫째로 성경의 목적을 바로 깨닫지 못하기 때문입니다. 간단히 말하면 성경은 그 자체가 목적이 아닙니다. 주님을 가르쳐주고, 주님의 음성을 듣게 하고, 주님과 교제를 나누게 하고, 그래서 믿음을 갖게 해서 구원을 받게 하는 것이 목적입니다. 그런데 당시 서기관들이나 바리새인들은 성경 자체를 목적으로 삼는 경향이 있었고, 심지어 성경을 우상화하는 경향까지 있었습니다. 이것은 잘못입니다. 그러므로 성경을 읽고 연구하면서도 예수님을 만나지 못하고 그의 음성을 듣지 못하면 세상에서 제일 어리석은 사람이 되는 것입니다.

성경과 우리 사이에는 두 가지 간격이 있습니다. 하나는 근본적인 간격입니다. 이것은 우리의 세속적인 사고와 생각 때문에, 영성이 없기 때문에 말씀을 들어도 깨닫지 못할 때가 많은 것입니다. 두 번째 간격은 시간적인 문화적인 간격입니다. 구약은 길게는 삼천 오백 년 전에 기록된 것도 있고, 가장 최근에 기록된 신약도 이천 년 전에 기록된 것이고, 게다가 우리와는 문화가 전혀 다른 히브리적인 환경과 헬라적인 환경 속에서 기록된 것이기 때문에 오늘의 우리들에게는 잘 이해가 되는 그런 책입니다. 그래서 성경은 해석이 필요하고, 역사적인 배경연구가 있어야 깨달을 수가 있습니다.

성경에는 예수님에 대해서 사중증거가 있습니다.

첫째는 세례 요한의 증거가 있습니다(33-35). "보라 하나님의 어린 양이로다" 누구보다도 먼저 예수님이 메시야인 것을 발견한 사람이 바로 세례 요한이었습니다.

둘째는 하나님 자신의 증거입니다(32,37-38). 37절에서는 "나를 보내신 아버지께서 친히 나를 위하여 증거하셨느니라"고 했습니다.

셋째는 예수님 자신의 사역이 증거가 됩니다(36). "곧 나의 하는 역사가 아버지께서 나를 보내신 것을 증거 하는 것이요"라고 했습니다. 예수님의 사랑이나 그의 놀라운 신적인 기적이나 그의 십자가 사건은 다 예수님이 메시야인 것을 증거 해줍니다.

넷째는 성경 자체가 예수님에 관한 증거입니다(39-40). "너희가 성경에서 영생을 얻는 줄 생각하고 성경을 상고하거니와 이 성경이 곧 내게 대하여 증거하는 것이로다."

이것은 성경이 다 기독론적으로 해석해야 한다는 결론이 나옵니다. 창세기에서 계시록까지 모든 부분마다에서 예수님을 만나고 예수님의 음성을 듣도록 하는 것, 이것을 기독론적 해석이라고 부릅니다. 좀 더 구체적으로 말씀드리면 구약의 율법을 해석할 때에 예수님이란 깔때기를 통해서 구약을 걸러내고 해석하는 것입니다. 예를 들면 민수기 21장에 나오는 모세가 광야에서 뱀을 든 것을 그림자로, 혹은 모형으로 보고, 그 실체를 주님의 십자가로 해석하는 것입니다. 또 다른 예를 들면 광야에서의 이스라엘 백성들이 목마를 때에 모세가 지팡이로 반석을 쳐서 생수를 마셨습니다. 이때의 반석이 바로 그리스도라고 해석하는 것입니다. 이것은 고전 10:4절에 바울이 해석한 방법이기도 합니다. "신령한 반석으로부터 마셨으매 그 반석은 곧 그리스도시라", 또 십계명의 안식일을 주일 신학으로 재해석하는 것도 예수님이 바로 구약의 핵심이기 때문입니다.

　그러나 정작 유대인들은 모세의 율법이 성육신하셨을 때에 그 예수님을 배척하였습니다. 나무는 보고 숲은 보지 못하는 것처럼 얼마나 어리석은 일입니까? 지금도 성경을 많이 알고 있으면서도 그 성경이 증거해주는 예수님을 만나지 못하는 사람들이 있습니다. 우리는 그런 어리석은 사람들이 되지 않기를 축원합니다.

　(2) 성경의 번역을 원문처럼 오해하여 사용하기 때문입니다.

　지금 우리들이 읽고 사용하는 성경은 많은 번역 가운데 하나입니다. 이 번역은 시대에 따라 그 시대에따라 새롭게 번역해야 하고, 그렇게 할 수밖에 없습니다. 이것을 마치 원본처럼 생각하면 큰 잘못입니다. 미국에서도 한 때에는 킹 제임스판만이 영감된 것처럼 생각하였습니다.

　그것이 원본이 아닌데. 게다가 새로운 사본들이 오천이 넘는 것이 새롭게 발견되었기 때문에 원본에 대한 견해가 변하고 있는 것도 알아야 합니다. 그러므로 성경을 우상화하지 마시기 바랍니다. 물론 성경은 하나님의 감동으로 된 것이기 때문에 일점일획 틀림이 없고, 변화가 없습니다. 그러나 번역은 적어도 언어가 변하는 삼십 년에 한번을 새롭게 하지 않으면 전문가가 아니고는 이해할 수 없는 것입니다. 그러므로 번역판을 영원히 변함없는 것으로 착각해서는 안 됩니다.

　(3) 망원경식 성경연구

　너무 세부적인 면에 치우치기 때문에 성경 전체를 이해하지 못합니다. 그래서 제가 망원경식 성경연구를 시작한 것은 바로 그 이유 때문입니다.

　또 한때에 '역사적 예수'(Historical Jesus)라는 분야의 연구가 나와서 많은 사람들에게 성경에 대한 의심을 하도록 만든 적이 있습니다. 1768년 마리 마루스라는 학자가 나와서 우리가 믿는 그리스도와 역사적 예수는 다르다는 자유주의 신학을 내놓았습니다. 그 후에 많은 독일계통의 학자들이 이 학문을 따랐습니다. 그러나 성경은 세부적인 면에 치우치면 이상한 방향으로 기울어지는 것입니다. 저도 그 분야에 관한 논문을 여러 편 썼지만 유익이 없습니다.

3. 성경이 우리에게 주는 궁극적인 목적은?

크게 두 가지의 축복을 주십니다.

딤후 3:14-17절에 보면 "그러나 너는 배우고 확신한 일에 거하라 네가 뉘게서 배운 것을 알았나니 성경은 능히 너로 하여금 그리스도 예수 안에 있는 믿음으로 말미암아 구원에 이르는 지혜가 있게 하느니라. 모든 성경은 하나님의 감동으로 된 것으로 교훈과 책망과 바르게 함과 의로 교육하기에 유익하니 이는 하나님의 사람으로 온전케 하며 모든 선한 일을 행하기에 온전케 하려 함이니라."

성경은 우리에게 크게 두 가지를 준다고 했습니다. 첫째는 구원에 이르는 지혜를 줍니다. 개인의 구원은 물론이고, 오늘의 가정들이 흔들리고 있는데 이 가정을 구원하는 지혜가 바로 성경에 나옵니다. 이스라엘 백성들이 쉐마 교육을 통해서 즉 신명기 6:4절~9절에 있는 말씀을 통해서 여호와를 경외하는 것을 가정교육의 핵심으로 삼아 오늘의 세계적인 민족으로 성장하였습니다. 지금 우리 사회도 온통 흔들리고 있습니다. 한국의 정치, 경제, 사회, 문화 등 모든 분야가 흔들리고 있듯이 미국도 소련도 세계의 모든 나라가 흔들리고 있는 것이 현실입니다. 이런 것들을 반석이 되신 하나님의 신앙위에 세워줄 수 있는 것이 바로 성경입니다.

두 번째로 성경이 주는 것은 우리로 하여금 선한 일을 하기에 온전케 하여 줍니다. 지금 우리들의 인격이나 신앙이나 생활이 무엇 하나 온전치 못합니다. 그러나 성경은 우리를 온전케 하여 줍니다. 네 가지 과정을 통해서 온전케 하여줍니다.

첫째는 교훈, 지금 우리는 표준이 없는 시대에 살고 있습니다. 생활에도 표준이 없고, 가정에도 표준이 없고, 사회에서도 표준이 없습니다. 그러나 성경은 canon, 즉 정경이 되어줍니다. 캐논이란 말은 잣대란 뜻입니다. 무엇이 긴지 짧은지를 가르쳐줍니다.

둘째는 책망, 잘못되었을 때에 구체적으로 무엇이 잘못되었는지를 성경은 지적하여 줍니다. 화인 맞은 양심처럼 된 우리들에게 잘못을 지적하여 줍니다. 무엇이 어떻게 잘못되었는지를 가르쳐줍니다.

셋째는 바르게 함, 지금 잘못된 것은 다 알고 있는데 대안이 없습니다. 정치도 그렇고 경제에도 그렇습니다. 대안부재의 시대에 살고 있습니다. 그러나 성경은 모든 것에 대한 대안을 가르쳐줍니다.

넷째는 의로 교육하도록 해줍니다. 우리의 교육의 궁극적 목적은 의롭게 되는 것입니다. 하나님 앞에 서도록 하는 것입니다. 그것이 바로 믿음입니다. 오직 의인은 믿음으로 말미암아 살리라.

4. 성경을 어떻게 생각해야 하는가?

(1) 먼저 성경에서 영생을 얻는 줄로 믿어야 합니다.

참으로 성경은 이상한 책입니다. 많은 사람들이 참 많은 목적을 가지고 성경을 상고합니다. 그런데 이상한 것은 성경을 연구하는 목적에 따라 성경에서 얻는 것도 다르다는 것입니다.

어떤 분들은 성경이 성도들의 아이디카드로 생각하는 듯 가지고만 다닙니다. 성경은 읽고 연구해야 하는 책입니다. 영생을 얻도록 해줍니다. 그러나 성경이 바로 우리들에게 영생을 직접 주는 것은 아닙니다. 성경은 우리를 주님께로 인도해주고, 그 주님이 우리들을 구원해주시는 것입니다.

(2) 다음으로 우리들이 해야 할 것은 성경을 상고하는 것입니다.

상고한다는 말은 연구한다는 뜻입니다. 학생들은 교과서를 열심히 연구합니다. 사업하는 사람들은 사업을 열심히 연구합니다. 그렇지 않고는 사업에 성공할 수가 없기 때문입니다. 그러나 성경은 세계 최고의 베스트셀러이면서도 가장 안 읽히고 연구가 안 되는 책입니다. 여러분 성경 사업에 성공하는 비결, 부자가 되는 비결이 있는 것을 알고 계십니까? 잠언 16:4절에 보면 "너의 행사를 여호와께 맡기라. 그리하면 너의 경영하는 것이 이루리라" 하나님의 경영철학을 말씀해주고 있는 것입니다.

(3) 성경이 예수님을 증거하는 책인 것을 믿고 따라야 합니다.

이 세상에는 알아서 믿는 것도 있지만 믿어서 아는 것도 있습니다. 대개는 보험이 어려운 때에 도움을 준다는 것을 알고 그 보험을 믿고 가입합니다. 그러나 성경은 믿어서 아는 책입니다. 알고 믿으려고 하면 결국 못 믿게 됩니다.

(4) 성경에서 영생을 얻기 위해 주님께로 나아와야 합니다.

끝으로 중요한 것은 이것이 성경의 궁극적 목적입니다. 어떤 사람이 달을 손가락으로 가리키면서 참 아름답다고 말했습니다. 그러나 상대방은 손만을 보면서 뭐야? 하고 엉뚱한 대답을 하였습니다. 손가락으로 가리키는 달을 보아야 아름답지요. 마찬가지로 성경이 가리키는 영생을 얻어야 성경이 성경되는 것입니다. 그것은 바로 성경에서 만날 수 있는 주님을 통해서 예수 그리스도를 통해서 우리는 영생을 소유하게 됩니다. 그런 축복이 저와 여러분들 모두에게 넘치기를 축원합니다.

행복한 가정

(창12:7-10)

초대교회에서는 가정이 교회였습니다. 빌레몬서에 보면 "네 집에 있는 교회"라고 하였습니다. 또 로마서 16:5절이나 골로새서 4:16절에서도 "집에 있는 교회"라고 하였습니다. 이것은 바로 가정이 작은 교회라는 뜻입니다. 바로 가정이 교회입니다.

또한 가정이란 신앙과 인격형성을 위한 보금자리입니다. 이렇게 가정만큼 중요한 곳은 없습니다. 행복한 가정이란 두 말할 필요도 없이 아브라함처럼 하나님 앞에서 제단을 쌓고 그의 축복을 받는 가정 목회를 통해서만 이루어집니다.

1. 축복된 가정은 어떤 가정입니까?

한 마디로 말해 가정목회를 통해 참다운 가정이 정립될 때 축복된 가정이 되고 행복한 가정이 됩니다. 복된 가정은 다음 열 가지를 구비한 가정입니다.

1) 온 가정이 함께 예배나 집회에 출석할 수 있는 가정
2) 하나님 제일주의로 모든 것을 하나님께 맡기는 가정
3) 가정의 모든 식구들이 하나님으로부터 창조함을 받은, 사랑받는 존재란 것을 확신하는 가정.
4) 여호수아처럼 "나와 내 집은 여호와를 섬기겠노라"고 고백할 수 있는 가정.

5) 가정 예배를 드리는 가정.

6) 전 식구가 은사를 받은 대로 하나님의 영광을 위해 쓰이는 가정.

7) 말씀을 배우고, 서로를 위해 기도하는 가정.

8) 부모에게 효도하는 가정.

9) 평균 수치를 높이는 가정.

10) 후손에게 복을 물려주는 가정

2. 복된 가정을 이룩하는 방법은 무엇입니까?

가정의 기본은 남편과 아내. 즉 부부입니다.

(1) 부부간의 결혼생활이 원만하고 만족되어야 합니다.

기억할 것은 어떤 부부도 결혼생활을 개선할 수 없는 가정은 없다는 것입니다. 그래서 성격이 다르고 단점이 많아도 믿음 안에서 함께 개선하면서 살 수가 있는 것입니다.

(2) 자기보다 상대를 위해주는 노력

자신의 욕구를 충족되기를 바라기보다는 상대방의 욕구를 충족시켜주려고 힘써야 합니다.

3. 어떻게 할 때 보다 좋은 가정으로 개선될 수 있습니까?

(1) 무엇보다 먼저 의사가 소통되어야 합니다.

남자와 여자 사이에는 신체적, 정서적인 근본적인 차이가 있기에 남녀 간의 의사소통이 생각처럼 쉽지 않습니다. 그러므로 서로 상대방에 대한 공부를 하고 연구를 해야 합니다.

(2) 이심전심이어야

부부간에는 서로 암호 메시지를 보내고 있으니 잘 해독해야 합니다.

(3) 제3의 페이스를 창출해야

부부란 너는 나의 페이스에 맞춰야 한다거나 너의 페이스에 내가 맞추는 것이 아닙니다. 제3의 페이스를 창출하는 것입니다. 바로 이 원리를 지키지 못하기에 파경에 이르는 가정이 생기는 것입니다.

4. 부부간에 지켜야 할 10계명

(1) 부부간에 꼭 지켜야 할 10계명이 있습니다.

첫째 아내를 강하게 그러나 부드럽게 대할 것

둘째 칭찬과 위로의 말을 자주 할 것

셋째 책임의 영역을 분명히 할 것

넷째 비판을 말 것

다섯째 작은 일의 중요성을 기억할 것(생일, 결혼기념일 등).

여섯째 함께 있고 싶어 하는 아내의 마음을 알아줄 것.

일곱째 아내에게 안정감을 줄 것.

여덟째 아내가 짜증을 내고 화를 낼 때 아내의 기분이 그럴 수밖에 없다는 것을 인정해 줄 것.

아홉째 아내와 협력하여 더 나은 삶을 위해 개선하도록 노력할 것.

열째 아내의 개인적인 욕구를 만족시켜 주도록 노력할 것.

(2) 믿음 소망 사랑의 가정

무엇보다도 축복된 가정은 믿음과 소망과 사랑을 가져야 이루어집니다. 저의 교육철학은 모든 교인들이 다 교회학교 학생이 되어야 한다는 것입니다. 태아의 아이부터 시작해서 노인들에 이르기까지 평생 배워야 합니다. 더러는 배움은 어린아이나 젊은 사람들만의 것으로 오해하고 있습니다. 그러나 안 배워도 될 만큼 모든 것을 아는 사람은 하나도 없습니다.

(3) 어떤 것을 배워야 합니까?

첫째 믿음을 가져야 축복된 가정이 되기에 말씀을 통해 믿음을 키웁니다. 믿음이 말씀을 들어야 성장하고 자랍니다.

둘째 많은 사람들이 믿음을 활용하지 않습니다. 그래서 믿음이 성장하지 않습니다. 그러므로 믿음을 땅에 묻어두지 말고 활용해야 합니다. 이것은 훈련을 통해서 가능합니다.

셋째 가장 중요한 것은 서로 사랑하는 것입니다. 그래서 교회 안에서는 사랑을 연습합니다. 이 사랑은 믿음에서 나와야 변함이 없습니다. 더욱 중요한 것은 사랑은 구체적으로 표현해야 합니다. 먼저 사랑은 말로 표현되어야 합니다. 그러므로 우리는 서로 사랑한다고 말하는 연습을 해야 합니다. 중요한 것은 나누는 것입니다. 선물을 나누고, 대화를 나누고, 근심과 걱정을 나누어보세요 일을 나누어보세요. 모든 것이 변하는 것을 느낄 수 있습니다.

우리의 가정들은 기초적인 작은 교회입니다. 그러므로 이 세상의 무엇보다 가정이 중요합니다. 어떤 면에서는 교회보다 더 중요합니다. 각 가정마다 가정목회를 통해서 주님을 높이는 가정, 주님과 함께 하는 가정이 되어야 합니다.

자녀교육의 성경적 원리

(신6:4-9)

통계를 보면 유대인들은 숫자적으로는 적지만 전체 노벨수상자의
1/3이나 차지하고 있고, 미국의 저명한 대학 500개중에서 교수의 30%
나 됩니다. 이것은 유대인들의 자녀교육이 특별하기 때문입니다. 그것
은 바로 쉐마 교육입니다.

1. 쉐마 교육이란 무엇인가?

한 마디로 말해 신명기 6:4-9절에 기록된 신앙교육을 말합니다. 쉐
마란 말은 '이스라엘아 들어라' 할 때 그 들어란 말이 히브리어로 쉐마
입니다. 여기서 연유된 것입니다. 유대인들은 지식 교육에 앞서 경건교
육, 즉 신앙교육을 강조했습니다.

사실 교육열로 볼 때 한국 부모들의 열성을 따라갈 부모들은 세상에
없습니다. 나는 못 배웠어도 내 자식들은 가르치겠다는 그 열심과 희생
은 세계 제일입니다. 그러나 유대인들보다 자녀들을 성공시키지 못하는
이유가 무엇일까요? 그것은 우리 한국의 부모들은 교육에 대한 철학이
없기 때문입니다.

엄마의 품과 아빠의 무릎보다 더 좋은 학교는 없으며 세상에서 가장
작은 교회인 가정보다 더 좋은 교회는 없다는 것을 기억해야 합니다.
바로 이 엄마와 아빠가 있는 가정이 바로 쉐마 교육의 현장임을 기억하
시기 바랍니다.

2. 쉐마 교육의 주 내용

(1) 우리가 누구를 믿어야 할 것인가 하는 대상을 가르쳐줍니다.

바로 하나님은 한 분이라고 하였습니다. 그런데 모든 종교는 다 같은 것이 아닌가? 혹은 무엇을 믿든 상관이 없지 않은가? 하는 분들이 있습니다. 그렇지 않습니다. 세계를 여행해 보면 제일 거지로 못사는 나라는 두 말할 필요도 없이 하나님이 없다는 공산주의 국가이고, 다음은 불교 국가이고, 다음은 알라신을 믿는 이슬람국가이고, 그래도 좀 나은 곳은 천주교를 믿는 유럽이고, 제일 잘사는 나라는 기독교를 믿는 나라인 것을 부인할 수가 없습니다. 그러므로 우리는 오직 하나인 여호와 하나님을 믿어야 합니다.

그러면 언제부터 자녀들에게 신앙교육을 해야 합니까? 잠언 22:6절에 "마땅히 행할 길을 아이에게 가르치라, 그리하면 늙어도 그것을 떠나지 아니하리라"고 하였습니다. 금방 태어난 아이의 뇌세포를 보면 140억 개쯤 된다고 합니다. 이것은 성인이 되어서도 증가하지 않습니다. 그런데 이 세포는 외부의 자극을 받을 때에 수상돌기가 생기고, 뻗어나와 다른 세포와 연결됩니다. 머리가 좋다 나쁘다는 것은 얼마나 뇌세포가 연결되느냐에 따라 결정됩니다. 그래서 뇌세포에 많은 자극을 주는 것이 필요합니다. 그런데 뇌세포는 3살 이전에 70% 배선이 끝납니다. 그러므로 영아교육은 대단히 중요한 것입니다. 성경에 보면 심지어 태아교육도 언급하고 있는데 최근에 주장하는 학설에 의하면 태아들은 음악교육은 물론 어학교육, 산수교육도 할 수 있다고 하였습니다. 아기를 잉태하신 분들은 한 번 시험해 보시기 바랍니다. 베토벤의 음악을 틀어주면 아이가 박자를 맞추어 엄마의 배를 찹니다. 다음에는 할렐루야를 틀어주면 아이가 할렐루야 할 때마다 처음에는 발로 차다가 나중에는 으레 일어서는 줄 알고 벌떡 일어섭니다.

(2) 어떻게 믿어야 합니까?

본문에 보면 마음을 다하고 성품을 다하고, 힘을 다하여 섬기라고 하였습니다. 다하고 라는 말은 하나도 남기지 말고 하라는 것입니다.

(3) 7절에 네 자녀에게 부지런히 가르치라고 하였습니다.

학교에 맡기거나 교회에 맡기라고 하지 않았습니다. 부모들이 직접 가르치라고 하였습니다. 그런데 부모들이 모범을 통하여 가르쳐야 합니다. 부모가 모범을 보여주지 않으면 효과가 없습니다.

(4) 교육의 환경이 중요합니다.

인간은 환경의 영향을 많이 받기 때문입니다. 왜 롯의 가정에 문제가 생겼습니까? 그가 살고 있는 소돔과 고모라성이란 사회 환경이 나빴기 때문입니다. 그러므로 자녀들에게 교육환경을 잘 만들어 주어야 합니다. 성경에 보면 디모데는 교육환경이 잘 되어 있었습니다. 외조모 로이스와 어머니 유니게에 의해 신앙의 환경 속에서 성장했습니다. 그러므로 디모데가 크게 성공할 수 있었던 것은 그의 교육환경이 좋았기 때문입니다. 그러므로 우리는 가정의 교육환경이 좋도록 노력하고 기도해야 합니다.

바벨탑 문화

(창11:1-9)

인간에게는 어떤 문화 속에서 사느냐가 대단히 중요합니다. 물론 인간이 문화를 만듭니다만 그러나 일단 문화가 만들어지면 반대로 이번에는 문화가 인간을 만듭니다. 그래서 이 시간에는 바벨탑 문화에 대하여 말씀을 드리려고 합니다.

1. 에덴동산에서의 하나님 문화.

에덴동산에서의 문화는 한 마디로 하나님 문화였습니다. 그러면 하나님의 문화의 특징은 무엇입니까?

(1) 에덴 동산의 문화는 하나님이 창설한 문화입니다(창2:8).

인간은 영적인 존재이기에 하나님과의 교제 없이는 동물로 변하고 맙니다. 따라서 인간은 항상 위를 바라보는 삶을 살아야 합니다. 이것이 바로 하나님의 문화입니다.

(2) 하나님이 보시기에 좋은 아름다운 문화였습니다.

하나님께서 세상을 창조하신 후에 하신 말씀은 하나님 보시기에 좋았더라는 말씀이었습니다. 이것이 우리가 사는 길이고, 우리가 가야 할 길입니다.

그러나 지금의 우리 문화는 하나님 보시기에 좋았더라가 아닙니다. 사람이 보기에 좋더라입니다. 바로 이것이 문제입니다.

(3) 먹기에 좋은 나무들이 많은 문화였습니다.

인간은 나무가 없어지면 깨끗한 공기를 마실 수 없기 때문에 결국 병들고 맙니다. 인간은 흙과 나무 속에서만 건강할 수가 있습니다. 그러므로 가정 주변에는 많은 나무들과 물이 흐르도록 가꾸어야 합니다.

(4) 생명나무와 선악과가 있는 문화였습니다.

생명나무가 있었다는 것은 질병을 예방하고, 고칠 수 있는 나무가 있었다는 말입니다. 다시 말하면 생명을 창조하는 문화였습니다. 그러나 인간들은 과학의 산물인 의학으로 이것을 대체했습니다. 또 선악과가 있다는 것은 인간이 선과 악을 구별할 수 있었다는 말입니다. 그러나 지금은 선악과는 없습니다. 인간에게는 선과 악을 구별할 수 있는 분별력이 더 이상 없기 때문에 문제가 됩니다.

(5) 네 강이 흐르는 문화였습니다.

창세기 2장을 보면 비손 강, 기혼 강, 힛데겔 강 그리고 유브라데 강이 하나님의 동산에 흐르고 있었다고 했습니다. 고대문화는 다 강을 중심으로 이루어진 것을 볼 수 있습니다. 그러나 오늘의 문화는 강을 떠나 도시중심으로 이루어지고 있는 것을 볼 수 있습니다. 그래서 문화는 향락문화로 흐르고 있습니다.

(6) 동산 각종 나무실과를 임의로 먹을 수 있는 자유로운 문화였습니다.

그러나 역사를 보면 인간의 문화는 편리중심으로 나간 나머지 속박의 문화로 변질된 것을 볼 수 있습니다.

(7) 선악과를 먹는 날에는 정녕 죽는 책임이 따르는 문화였습니다.

다시 말해서 하나님의 말씀의 잣대 위에 세워진 문화요, 하나님 중심의 문화였습니다. 그러나 불행하게도 인간은 무책임하게도 선악과를 따

먹고 결국 오늘의 무책임한 바벨탑 문화로 변질시켜 버렸습니다.

2. 바벨탑 문화란 무엇이며 그 특징은 무엇입니까?

바벨탑 문화는 세 가지의 죄 된 마음에서 시작되었습니다. 따라서 바벨탑의 문화의 본질은 죄의 문화요 탕자의 문화입니다.

(1) 바벨탑의 문화는 불신의 죄로 얼룩진 문화였습니다.

창세기11:4절은 대단히 중요한 구절입니다. "성과 대를 쌓아 꼭대기를 하늘에 닿게 하여"라고 했습니다. 이것은 하나님께서 다시는 물로 심판하지 않겠다는 말씀에 대한 불신에서 나온 발상입니다. 불신으로 가득 찬 인간은 또 물로 심판하실 것을 대비해서 바벨탑을 쌓았던 것입니다. 이것이 바로 불신의 죄입니다. 또한 하나님이 물로 심판한다 해도 이것을 인간의 힘으로 막아보겠다는 교만의 죄이기도 합니다.

(2) "우리 이름(사람의 이름)을 내"는 문화라고 했습니다.

이것은 인간의 명예욕에서 나온 것입니다. 인간은 자기 이름 내기를 원합니다. 사람들에게서 인정받기를 원합니다. 자신의 이름을 내기를 원합니다. 이것이 바로 현대문화의 특징입니다.

(3) "온 지면에 흩어짐을 면하자"고 했습니다.

성경에 보면 하나님은 인간을 창조한 뒤에 생육하고 번성하여 온 지면에 흩어지라고 하였습니다. 그러나 인간은 하나님 없이 자기들끼리 모이기를 원하였습니다.

하나님이 원하시는 것은 세상에 하나님의 뜻을 흩어지게 하는 것입니다. 심지어 교회도 세상에 흩어져야 합니다.

3. 바벨탑 문화의 본질과 결과는 무엇입니까?

창세기 10장을 보면 인간이 바벨탑을 쌓음으로 인해서 많은 민족과

국가들이 생겨나게 되었다고 했습니다. 여기서부터 국가 간의 전쟁과 개인 간의 경쟁의 역사가 시작되었습니다. 그래서 남을 이기고, 남을 넘어뜨리고 내가 일어서려는 이기적인 개인주의가 판을 치게 되었습니다. 심지어 교회조차도 개 교회주의로 인해 작은 교회들을 흡수해 가는 문어발식의 제국주의적 교회들이 늘어가고 있습니다.

성경을 보면 바벨탑 문화는 가나안 문화로 발전했으며 가나안 문화의 핵심은 바로 바알 문화였습니다. 바알 문화는 한마디로 말해 우상문화요, 섹스문화였습니다. 오늘 날에는 이 바벨탑문화가 소위 대중문화로 그 맥을 이어가고 있습니다.

4. 현대문화가 구원을 받고 바로 살려면 어떻게 해야 할까요?

무엇보다도 하나님 앞에서의 문화로 바뀌어야 합니다. 그러려면 적어도 세 가지의 변화가 일어나야 합니다.

(1) 십자가로 말미암아 바벨탑의 문화가 먼저 죽어야 합니다.

오늘의 문화는 죽음을 향해 가는 문화이기에 거기에는 소망도 없고 구원도 없습니다.

(2) 주님의 부활과 함께 새롭게 거듭나는 문화로 바뀌어야 합니다.

지금까지 아랫것만을 바라보는 동물적 문화에서 위를 바라보는 하나님의 문화로 그 방향을 전환시켜야 우리는 삽니다.

(3) 오순절의 성령의 역사가 일어나야 합니다.

창세기 10장에 나타난 분열의 문화는 사도행전 2장에 나타난 오순절의 성령 강림으로 방언의 은사가 나타나면서 모든 언어가 하나로 합쳐지는 하나님의 문화가 새롭게 생긴 것을 볼 수 있습니다.

오늘의 바벨탑 문화는 하나님의 문화로 바뀌어야 우리가 삽니다. 그러려면 오순절의 성령의 역사가 일어나야 합니다. 그래야 우상과 분열의 바벨탑 문화는 신앙과 일치의 하나님 문화로 변할 것입니다.

여호와의 영광이 너희에게 나타나리라

(레9:1-7)

1. 하나님의 영광이 나타난 경우는 어떤 때인가?

(1) 태초에 하나님이 천지를 창조하실 때 하나님의 영광이 나타났습니다.

왜냐하면 창조 속에서 하나님의 지혜와 권능과 사랑이 가장 잘 나타났기 때문입니다. 그 중에서도 자연의 창조는 물론 인간의 창조 속에서 하나님의 영광이 그대로 나타났습니다. 이처럼 하나님의 영광은 거듭난 인간의 창조 속에서 나타납니다.

(2) 이스라엘이 출애굽할 때 하나님의 영광이 나타났습니다.

이스라엘의 출애굽은 애굽의 바로가 참 신이냐? 아니면 여호와 하나님이 참 신이냐?를 구체적으로 보여주신 증거였습니다. 이처럼 하나님의 영광은 그의 권능을 통해서 그의 백성들을 보호하시고 구원해주시는데 나타납니다.

(3) 바벨론의 포로에서 풀려날 때 하나님의 영광이 나타났습니다.

이스라엘이 바벨론에 포로로 잡혀가 있다가 페르시아의 고레스 왕의 칙령으로 포로에서 풀려났을 때에 하나님의 영광이 나타났습니다.

당시 국제사정은 이제는 이스라엘은 영원히 종노릇할 것이라는 것이었습니다. 그런데 그 예측이 틀렸습니다. 비록 고레스는 하나님을 알지 못하는 이방 사람이었지만 하나님은 고레스왕도 피조물로서 하나님의 섭리를 벗어날 수 없다는 것을 보여주셨습니다. 이처럼 하나님의 영광은 일반 정치사를 통해서도 나타납니다.

(4) 예수님이 이 땅에 오실 때에 하나님의 영광이 나타났습니다.

사실 예수님의 오심은 바로 하나님의 사랑의 표현이요, 자신의 희생적 사랑의 구체적 표현이었습니다. 누가복음 2:14절에 "지극히 높은 곳에서는 하나님께 영광이요, 땅에서는 기뻐하심을 입은 사람들 중에 평화로다"고 하였습니다.

이 말씀은 언제 하나님의 영광이 나타나느냐를 보여줍니다. 즉 땅에서 평화가 있을 때 하늘에서는 하나님께 영광이 된다는 말입니다.

(5) 우리 주님이 재림하실 때에 하나님의 영광이 나타날 것입니다.

왜냐하면 하나님은 공의의 하나님이시기 때문입니다. 하나님을 거역하고, 불의를 범한 자들을 하나님은 심판하실 것이기 때문입니다. 그래서 하나님의 영광은 바로 공의가 실현될 때에 나타납니다.

2. 중요한 건 오늘 하나님의 영광이 나타나도록 해야 한다는 말입니다.

왜 우리가 이 땅에 삽니까? 바로 하나님의 영광을 위해서 사는 것입니다. 그러면 어떻게 해야 우리들을 통해서 하나님의 영광이 나타납니까? 그것은 하나님께서 우리들에게 맡겨주신 사명을 잘 감당할 때에 하나님의 영광이 나타날 것입니다.

그러면 하나님께서 주신 사명을 감당하기 위해서 우리는 무엇을 해야 합니까?

(1) 먼저 번제부터 드리라고 하였습니다.

본문 2절에 "번제를 위하여" 하면서 흠 없는 것을 바치라고 하였습니다. 여기서 기억할 것은 유일한 흠 없는 제물인 예수님이 십자가 위에서 우리를 위한 번제가 되셨기 때문에 지금 우리가 필요한 것은 십자가의 사건을 믿고 다음에는 우리의 몸을 드리는 헌신입니다.

(2) 다음은 화목제를 드리라고 하였습니다.

본문 4절에 "화목제를 위하여"하면서 무엇을 드려야 할 것을 말씀했습니다. 주님은 이 땅에 오셔서 가장 큰 구별인 이스라엘과 이방의 장벽을 헐어버렸습니다. 그런데 우리는 오히려 장벽을 만들고 있지는 않습니까? 우리는 구별이나 차별이 없도록 화해하는데 앞장서야 합니다.

(3) 불신과 악의 세력을 물리쳐야 하나님의 영광이 나타납니다.

이런 일을 위해서는 내가 아무리 힘써도 안 되고, 애써도 안 되니 우리 모두가 성령의 충만함을 받아서 하나님의 권능으로 모든 불신과 악의 세력들을 헐어버려야 합니다.

맥추절을 지킬 때에

(출34:21-24)

성경에는 유월절, 초막절, 맥추절 등 삼대 절기가 있는데 오늘은 맥추절에 대하여 은혜를 나누고자 합니다.

1. 맥추절의 절기

맥추절은 첫 열매인 밀과 보리를 추수한 후에 하나님께 감사하며 기념하는 절기입니다. 맥추절은 하나님께서 이스라엘 백성들이 시내산에 있을 때에 모세를 통하여 율법을 주신 날입니다. 유대인들은 성전이 무너진 다음에 이 날을 특별히 율법을 주신 날로 강조하면서 지켰습니다. 중요한 것은 신약적인 의미입니다. 신약에 와서 맥추절은 네 가지의 중요한 의미가 있습니다.

(1) 맥추절은 성령을 보내주신 오순절로 지킵니다.

신약의 유월절인 부활절이 지난 다음 50번째 되는 날이면 밀과 보리가 아니라 인간의 영혼들을 추수하기 위해 성령이 강림한 절기였다는 것입니다. 본래 우리는 하나님 나라의 창고에 추수될 그런 알곡이 못되었습니다. 그런 우리들을 성령께서 오셔서 믿게 하시고, 알곡 되게 하신 날이 바로 오순절이라고도 불리는 맥추절입니다.

(2) 맥추절은 과거를 회상하면서 오늘을 감사하는 날입니다.

구약시대엔 종 되었던 애굽에서 구원받는 것을 회상하면서 감사했고,

시내산에서 하나님의 말씀인 율법을 받은 것을 감사한 날이었지만 그러나 오늘날은 사탄의 종 되었던 우리들을 해방시켜 주신 것과 날마다의 광야생활에서 하나님께서 돌보아주신 것을 감사하는 날입니다.

(3) 이제부터는 하나님께 순종하겠습니다 하는 결심의 표로서 맥추절을 지킵니다.

우리의 육과 영이 다 하나님의 돌보심을 통해서 살고 있는데 이것을 우리는 바로 감사하지 못하였습니다. 그것을 회개하면서 이제부터는 '순종하겠습니다. 감사하면서 살겠습니다.' 하고 결심을 하는 날입니다.

(4) 우리 자신이 천국 창고에 알곡으로 쌓이는 것을 감사하고 그 귀한 그 날을 대망하는 날입니다.

세상의 모든 것은 다 지나가 버립니다. 그런데 주님의 재림의 날은 점점 가까이 오고 있습니다. 이때 알곡들은 주님과 함께 휴거하겠지만 쭉정이들은 다 심판의 불에 타버리고 말 것입니다. 따라서 이 맥추절은 알곡으로서 귀한 축복을 대망하는 날입니다.

2. 맥추절의 축복

맥추절을 바로 지킬 때에 하나님은 어떤 복을 주십니까?

(1) 감사하는 마음을 주십니다.

감사하는 마음은 영혼을 살찌우는 양약입니다. 그러므로 참된 행복은 바로 감사하는 마음에서 열매를 맺습니다. 감사하는 마음은 광야가 변하여 천국이 되게 합니다.

(2) 생활이 넉넉해집니다.

우리는 다 부자가 되기를 원합니다만 중요한 것은 넉넉한 삶이 더 중요합니다. 돈이 많은데도 여유 없이 사는 사람이 많습니다. 줄 줄 모르고, 써야 할 때 쓸 줄 모르는 구두쇠는 정말 불쌍한 사람입니다. 그러나 맥추절을 지키면 항상 여유를 가지는 마음을 갖게 됩니다. 그래서 돈이야 있든 없든 여유 있는 마음과 넉넉한 살림을 살게 됩니다.

(3) 범사에 축복해 줍니다.

하나님은 우리의 필요를 잘 아십니다. 물론 하나님은 우리의 요구하는 것을 다 아시지만 영원을 보시는 하나님은 해로운 것은 안 주시고 더 필요한 것을 주시는데 우리가 그것을 분별 못해서 그만 원망하고 불평할 때가 종종 있습니다. 그러므로 하나님이 무엇을 주시든지 그것으로 만족하시기 바랍니다.

(4) 하나님 앞에서 상을 받습니다. 천국에서 상을 받는 것은 물론 세상에서도 상을 받습니다.

3. 맥추절은 어떻게 지켜야 하는가?

1) 먼저 이 날을 기억해야 합니다.
2) 출애굽기23:15절에 보면 빈손으로 나오지 말라고 했습니다. 감사하는 구체적인 예물을 하나님은 원하는 것입니다.
3) 입으로 감사해야 합니다. 우리는 입으로 드리는 감사를 소홀히 하기 쉽습니다. 그러나 인간의 마음은 입의 말과 직결됩니다. 입으로 계속해서 감사하면 마음으로도 감사가 생깁니다. 이것이 나중에는 생활 속에 감사가 넘치도록 만들어 줍니다.
4) 주님의 재림을 소망하면서 지켜야 합니다. 세상에는 반드시 추수의 때가 있습니다. 반드시 심은 대로 거둡니다. 그 날에는 이 땅에서 하나님이 주신 은혜를 감사하면서 맡겨진 사명에 충성을 다한 사람은 당당히 나아가지만 불평하면서 불충성했던 사람은 숨게 될 것입니다. 그 날에 하나님 앞에 감사함으로 당당히 설 수 있는 성도가 되어야겠습니다.

뜻을 돌이키신 하나님

(출32:7-14)

1. 이스라엘 백성의 범죄

모세가 산 위에 있었을 때에 사탄은 산 아래에 있었습니다. 이때 이스라엘은 그들을 구원해 주신 하나님을 잊었습니다(시106:13). 그들의 마음은 다시 애굽으로 돌아갔던 것입니다. 비록 종노릇은 하였지만 애굽의 고기 가마가 그리웠고, 떡이 그리웠던 것입니다. 이것이 바로 이스라엘 백성의 죄의 뿌리입니다.

이상한 것은 모세가 산 위에 있었을 때에 산 아래 있는 이스라엘 백성들은 육적으로는 매우 편했습니다. 본문 6절에 보면 "앉아서 먹고 마시며 뛰놀더라."고 하였습니다. 이것은 마치 부모를 떠난 자녀들이 방종과 자유를 착각하는 것과 같습니다. 그래서 모세가 필요치 않다고까지 생각했습니다. 인간의 가장 큰 문제점의 하나는 빨리 잊는다는 것입니다. 이 건망증이 문제입니다

성경은 당시 이스라엘 백성들의 형편은 부패하였고, 하나님이 명령한 길을 속히 떠났다고 했고, 금송아지 우상을 만들었다고 했고, 목이 곧은 백성이라고 했습니다.

2. 하나님의 심판 계획

9~10절을 보면 이렇게 기록하고 있습니다. "내가 이 백성을 보니 목

이 곧은 백성이로다. 그런즉 나대로 하게 하라. 내가 그들에게 진노하여 그들을 진멸하고 너로 큰 나라가 되게 하리라". 이것을 보면 하나님은 인간이 죄를 지으면 반드시 심판을 하시는 분인 것을 보여줍니다.

그러나 모세가 하나님 앞에서 간절히 중보의 기도를 드렸을 때에 하나님은 그의 심판의 계획을 돌이키셨다고 했습니다. 이와 같이 하나님은 그 심판을 돌이킨 경우가 종종 있습니다.

3. 하나님의 심판을 돌이키려면 어떻게 해야 하는가?

(1) 중보 기도가 있어야 합니다.

모세는 대단히 슬퍼하면서 하나님께 기도하였습니다. 먼저 하나님께서 그처럼 사랑하시고, 큰 권능으로 구원해 주신 이스라엘 백성들을 어찌하여 버리십니까? 다음은 하나님의 심판이 이스라엘에게 임할 때 애굽 백성들이 조롱할 텐데 어찌하여 하나님의 영광이 가려지게 하십니까? 그런데 놀라운 것은 하나님께서 모세의 중보기도를 들어주셨다는 사실입니다.

(2) 회개가 있어야 하나님은 그의 심판을 돌이키십니다.

회개는 가장 성스러운 것입니다. 회개를 하지 않는 것이 가장 큰 잘못입니다. 우리가 잘 아는 니느웨의 회개가 그 증거입니다. 요나를 통해서 40일 후면 심판이 임한다는 것을 외쳤을 때에 왕으로부터 시작해서 온 국민이 베옷을 입고 재를 뿌리면서 회개 했습니다. 그 결과는 하나님께서 뜻을 돌이키셔서 심판을 받지 않게 하셨습니다.

회개가 무엇입니까?

영혼 깊이 느끼는 참회요 죄로 인해 상심하는 것이 바로 회개입니다. 그러나 회개는 여기서 끝나지 않고 가던 길에서 뒤로 돌이키는 것입니다. 그때에 하나님의 긍휼하심의 은혜를 입는 것입니다.

계수할지니

(민1:1-19)

민수기란 선민의 수를 계수하였다, 세어보았다는 뜻에서 나온 제목입니다. 성경에 보면 아홉 번 계수하였다는 말이 나오는데 민수기에만 세 번 하나님께서 선민의 수를 계수하라고 했습니다(1:2: 3:14: 26:2).

1장에서는 두 가지 목적으로 계수를 하라고 했습니다.

첫째는 광야를 원활하게 행군하기 위해서.

둘째는 조직을 정비하기 위해서 사람들의 수를 세어보라고 했습니다.

3장에서는 성막봉사를 위해서 레위인들을 계수하라고 했습니다.

26장에서의 계수에서도 두 가지 목적을 위해서 하였습니다.

첫째는 가나안 정복을 위해 실제적인 준비를 위해서였고

둘째는 가나안에 들어간 후에 각 지파의 인구수에 따라 땅을 적절하게 분배하기 위해서 계수하라고 하였습니다.

1. 계수의 뜻과 목적은?

(1) 질서 있는 삶을 살라는 말입니다.

계수란 먼저 계획을 세우라는 뜻과 삶의 목적을 가지라는 의미가 있습니다. 우리 앞에 많은 일들을 풀어 나가려면 계획이 필요합니다. 민수기를 보면 모세는 그의 앞에 당한 일들을 앞에 두고 계획을 세워서 질서를 잡았습니다.

당시까지만 해도 이스라엘은 노예생활을 했던 무질서한 상태였습니다. 따라서 가나안 땅에서의 하나님 나라의 건설을 위해서는 준비가 되지 못한 상태였습니다. 따라서 이들은 새로운 조직을 해야 할 입장에 놓여 있었던 것입니다. 그래서 하나님은 계수할지니 하면서 명령을 하셨던 것입니다.

본문에서 하나님께서 계수할지니라고 말씀한 것은 계획을 세우란 말입니다. 서두르지 말고 기도하면서 질서 있게 계획을 세우란 뜻입니다

(2) 목적이 있어야 한다는 뜻입니다.

아무리 계획이 잘 세워졌어도 목적이 없으면, 혹은 목적이 분명치 않으면 그것은 소용이 없는 것입니다. 방향 없는 계획은 결국 혼돈과 무질서만 가져오기 때문입니다.

2. 어떤 계수를 해야 합니까?

(1) 청지기적 관리를 하고, 청지기적 사용을 하라는 것입니다.

우리는 청지기적 자세가 필요합니다. 내가 가진 모든 것은 다 하나님의 것입니다. 나는 다만 관리자일 뿐입니다. 그러므로 하나님의 영광을 위해서 하나님의 뜻대로 사용한다는 원칙을 가져야 합니다.

(2) 직분자를 임명한다는 뜻이 있습니다.

창세기 40:4절에 보면 직분자를 임명한다는 뜻으로 계수라는 단어가 사용이 되었습니다. 일할 사람들을 계수하여 주님의 지체로서 그리스도의 몸을 세워야 합니다.

(3) 우리의 남은 날이 얼마인지 계수해야 합니다.

시편 90:12절에 "우리에게 우리 날 계수함을 가르치사 지혜의 마음을 얻게 하소서"라고 하였습니다. 왜 그랬을까요? "우리의 년 수가 칠십

이요, 강건하면 팔십이라도 그 년수의 자랑은 수고와 슬픔뿐이요 신속히 날아가나이다."(시90:10). 그러므로 시간을 헛되이 보내지 않기 위해서입니다.

3. 계수의 결과는?

크게 두 가지의 결과가 나옵니다.

첫째 인간적 계수에만 의지하면 교만해지고, 하나님보다 사람을 더 의지하게 되고, 인간적 자랑만 하게 됩니다.

둘째 신앙적 계수를 하면 겸손해지고, 모든 것을 하나님께 감사하게 되고, 더욱 하나님을 의지하게 됩니다.

그러므로 중요한 것은 하나님의 무한하신 능력을 의지하여 인간적 계수가 아닌 신앙적 계수를 하는 것입니다.

네가 어디 있느냐?

(창3:9-21)

하나님께서 인간에게 물으신 최초의 질문은 "아담아, 네가 어디 있느냐"라는 질문이었습니다.

1. 아담아 네가 어디 있느냐고 물으신 질문의 진의는 무엇인가?

이것은 하나님이 몰라서 물은 것이 아닙니다. 하나님은 모든 것을 다 아시는 분이십니다. 여기서 하나님께서 물으신 것은 사랑의 질문입니다. 다음으로 이 질문은 지리적 질문이 아닙니다. 영적인 좌표를 물으신 것입니다. 있어야 할 자리에 있지 않음을 깨닫게 하시려는 것입니다.

아담아 네가 어디 있느냐란 질문은 우리 인생 전체에게 물으시는 질문입니다. 그러므로 나는 과연 지금 어디 있는가? 내가 있어야 할 자리에 있는가? 아니면 있어서는 안 될 자리에 있는지 자신에게 질문해 보아야 합니다.

시편 1편에서는 자리 문제가 복을 받고 못 받는 근본적 이유가 된다고 했습니다.

"복 있는 사람은 악인의 꾀를 좇지 아니하며, 죄인의 길에 서지 아니하며, 오만한 자기에 앉지 아니 한다"고 했습니다. 놀라운 것은 자리란 말이 길이란 말과 동의어로 사용되고 있고, 꾀란 말과도 같은 뜻으로 사용되고 있습니다. 다시 말하면 자리에 따라 길이 달라지고, 자리에 따라 꾀에 넘어가기도 하고 안 넘어 가기도 한다는 말입니다.

2. 인생의 실존적 모습

우리는 아담이 하나님과 대화를 하는 가운데서 그의 실존적 모습을 볼 수 있습니다. 아담의 실존적 모습은 크게 다섯 가지의 특징이 있습니다.

(1) 범죄 한 뒤에 아담은 벗고 살았습니다.

물론 에덴동산에서 아담과 하와는 옷을 벗고 살았습니다. 그러나 그들은 도덕은 벗고 살지 않았습니다. 체면도 벗고 살지 않았습니다. 여기서 인생의 비극은 시작됩니다. 그러나 하나님 앞에서는 벗고는 못 삽니다. 의의 세마포 옷을 입어야 설 수 있고, 함께 할 수가 있습니다.

(2) 아담과 하와는 여호와의 낯을 피하려고 하였습니다.

그러나 시편 139:7~8절에 "내가 주의 신을 떠나 어디로 가며 주의 앞에서 어디로 피하리이까? 내가 하늘에 올라갈지라도 거기 계시며, 음부에 내 자리를 펼지라도 거기 계시니이다." 그렇습니다. 어리석은 인생들이 하나님을 피하면 살 줄 착각합니다. 그러나 우리는 하나님의 낯을 피하여 살 수가 없습니다. 왜냐하면 하나님은 무소부재하시기 때문입니다. 우리의 모습은 어떻습니까?

(3) 아담과 하와는 동산 나무 사이에 숨었습니다.

죄 지은 사람의 특징이 바로 숨는 것입니다. 그러나 이것은 타조가 모래 속에 얼굴을 묻고 있는 것과 같이 어리석은 것입니다. 하나님의 공의의 눈을 피할 수는 없기 때문입니다.

(4) 아담과 하와는 두려워했습니다.

죄지은 사람의 특징은 두려움입니다. 그래서 성경에는 두려워하는 자는 천국에 못 간다고 했습니다.

(5) 아담과 하와는 변명하였습니다.

12절과 13절에 보면 아담과 하와는 변명하였습니다. 아담은 "하나님이 주셔서 나와 함께하게 하신 여자 그가 그 나무 실과를 내게 줌으로 내가 먹었나이다."라고 변명하였고, 하와는 "뱀이 나를 꾀므로 내가 먹었나이다."라고 변명하였습니다.

이 변명에서 주목할 것은 아담은 하와를 주신 하나님께 책임을 전가한 점이고, 하와는 "뱀이 나를 꾐으로 내가 먹었나이다." 즉 뱀에게 책임을 전가시킨 점입니다.

3. 인생이 살 길은 무엇인가?

(1) 복음을 들어야 합니다.

3:15절에 소위 원시복음이 나오는데 이 복음을 들어야 인생이 삽니다. "여자의 후손과 원수가 되게 하리니 여자의 후손은 네 머리를 상하게 할 것이요 너는 그의 발꿈치를 상하게 할 것이니라." 복음이란 복된 소식을 말합니다. 무엇이 복된 소식입니까? 예수 그리스도께서 사탄의 마지막 무기인 죄와 죽음을 이기고 승리하신 것, 바로 이 십자가의 사건이 복된 소식입니다. 우리에게 꿈을 주고 소망을 주는 소리는 위로부터 들려오는 하나님의 음성입니다. 바로 복음입니다.

(2) 하나님의 은혜를 받아야 합니다.

21절에 하나님께서 범죄한 아담에게 가죽옷을 입혔다고 한 것은 바로 하나님의 은혜를 뜻합니다. 왜 그렇습니까? 가죽옷은 동물을 잡아야 만들 수 있습니다. 이것은 하나님께서 아담과 하와를 위하여 속죄의 제물을 바친 것을 상징합니다. 그래서 여기서 가죽 옷은 신약시대에 있어서 십자가를 상징합니다. "너희가 그 은혜를 인하여 믿음으로 말미암아 구원을 얻었나니 이것이 너희에게서 난 것이 아니요 하나님의 선물 이니라"(엡2:8).

범죄한 후에는 입어야 삽니다. 하나님의 긍휼을 입어야 살고, 하나님의 은혜를 입어야 삽니다.

지금 자신이 서 있는 영적좌표를 보고, 무엇이 부족한지, 무엇이 잘못되었는지를 발견하고 하나님이 원하시는 길로 다시 돌아서서 축복된 삶을 살수 있기를 축원합니다.

요동치 않게 하기 위하여

(행2:25-32)

오늘은 베드로가 시편 16:8~11절의 말씀을 인용한 말씀 중에서 요동치 않기 위해서라는 말씀으로 은혜를 나누려고 합니다.

1. 분문의 교훈은 이 세상은 요동함이 많은 세상이라는 점입니다.

이 세상은 크든 작든 차이는 있지만 그러나 요동함이 많은 세상입니다.

첫째는 정치적으로 요동합니다.

둘째는 경제적으로 요동합니다.

셋째는 가정적으로 요동합니다.

넷째는 영적으로도 요동함이 많습니다.

그러므로 이 세상은 안전한 곳이 없습니다. 어디를 가든지 요동함이 많습니다. 그래서 우리는 만세반석이 되는 주님 위에 인생을 건축하고, 미래를 건축하고, 사업을 건축해야 합니다. 그리고 천국 보험을 들어야 안전합니다.

2. 요동하는 세상에서 요동함 없는 삶을 사는 비결

(1) 예수님이 내 우편에 계실 때 요동함이 없습니다(25절).

복음서를 보면 제자들이 예수님 없이 갈릴리 바다에서 풍랑을 만나는 이야기가 나옵니다. 그러나 제자들이 주님을 배 안에 영접했을 때에 그

풍랑이 잔잔하게 되었다고 했습니다. 본문에서도 "나로 요동치 않게 하기 위하여 그가 내 우편에 계시도다"(25절)고 했습니다.

(2) 믿음이 있을 때에 우리는 요동치 않습니다.

믿음이란 주님을 꼭 붙드는 것입니다. 제자들이 풍랑 속에서 허우적거릴 때에 주님은 "믿음이 적은 자들아"하시면서 책망을 했습니다. 우리가 요동하는 원인은 믿음이 적기 때문이라는 것입니다(마13:19-22).

(3) 의심치 않을 때에 요동치 않습니다(약1:6-8).

신앙생활에 의심이 들어가면 마음이 요동하고, 생각이 요동하고, 가정이 요동하고, 교회가 요동하고, 모든 것이 다 요동합니다. 의심은 사탄이 우리 마음속에 뿌리는 독소입니다. 가장 무서운 것은 하나님과의 사이에 틈이 생겨 신앙생활에 문제가 생기는 것입니다. 그러므로 의심을 물리쳐야 합니다.

(4) 사탄의 책동을 받지 말아야 요동함이 없습니다(눅22:31-34).

첫째로 사탄은 교만을 마음에 넣어 줍니다. 이 교만에 루시퍼도 넘어가 사탄이 되었습니다. 아담도 선악과를 따 먹었습니다. 사울 왕도 넘어가 스스로 번제를 드렸습니다.

둘째는 낙심케 합니다. 너는 아무 것도 아니야. 너는 필요 없어 하면서 우리에게 낙심과 절망을 줍니다.

셋째는 비교의식을 넣어줍니다.

넷째는 오늘의 할 일을 내일로 미루는 것입니다. 신앙은 결단이 중요합니다. 그런데 자꾸만 미룹니다. 아무것도 못하게 만듭니다.

다섯째는 기도하기를 쉬게 만듭니다.

여섯째는 의심의 독초를 넣어 신앙의 뿌리를 흔들어 놓습니다.

(5) 영적으로 성숙해져야 요동치 않습니다(벧후1:5-10).

아이들은 조그만 변화가 일어나도 두려워하고 요동합니다. 그러나 세상에서 많은 경험을 한 어른들은 웬만하면 요동치 않습니다. 그러므로 우리는 신앙적으로나 인격적으로나 성숙해야 합니다. 장부의 신앙을 가져야 합니다.

이 세상에는 요동함이 많지만 우리들이 주님의 품안에 안기면 마치 항구 안에 있는 배처럼 우리들은 요동함이 없는 삶을 살 수가 있습니다. 큰 믿음을 가지면 요동함이 없습니다. 영적으로 성숙해질 뿐 아니라 사탄의 간교에 말려들지 않을 때에 우리는 요동함이 없는 삶을 살 수 있습니다.

아브라함의 중보기도

(창18:16-33)

창세기 18장의 전반부는 아브라함이 마므레 상수리 수풀 근처에서 세 사람을 만나 나그네를 겸손한 마음으로 극진히 대접하였는데 그들이 천사였다는 것입니다. 놀라운 것은 창세기 13장에 보면 아브라함이 조카인 롯과 분가할 때, 소돔과 고모라는 여호와의 동산 같고, 애굽 땅과 같았다고 했습니다. 그러나 아브라함이 거한 곳은 비옥하지 못했습니다. 그러나 이 마므레란 말은 비옥하다는 뜻입니다. 다시 말하면 하나님의 뜻대로 산 아브라함에게 하나님의 충만을 누리는 복을 주셨다는 말입니다. 그리고 그 천사들이 떠난 후에 예수님께서 여호와의 모습으로 나타나셔서 여호와께 능치 못한 일이 있겠느냐는 말씀과 기한이 이를 때에 사라에게 아들이 있을 것이란 언약의 말씀을 듣는 내용이 있습니다. 그리고 후반부에는 아브라함이 소돔을 위하여 중보의 기도를 드렸다는 내용으로 되어 있습니다. 기도란 하나님의 자녀인 성도가 아버지이신 하나님과 가지는 영적 대화이기에 하나님의 자녀들만이 하나님께 드릴 수 있는 특권이고, 또 성도의 기도만이 응답을 받을 수 있습니다.

우리의 중보자는 오직 예수님 한 분뿐입니다. 그러나 놀라운 것은 우리도 기도를 통해 중보적 사역을 할 수 있다는 것입니다. 아브라함의 기도가 그것을 증명해 줍니다.

1. 아브라함의 중보기도의 성격

17절에 "여호와께서 가라사대 나의 하려는 것을 아브라함에게 숨기겠느냐"고 하셨습니다. 하나님은 그의 일을 하실 때 반드시 기도의 사람들에게 미리 말씀하시고 그의 뜻을 이루어 가신다는 것입니다. 이때 하나님은 "아브라함은 강대한 나라가 되고 천한 만민은 그를 인하여 복을 받게 될 것"이라고 미리 말씀하셨습니다. 그리고 난 후에 소돔과 고모라에 대한 부르짖음이 크고 죄악이 심히 중하다고 하면서 멸망할 것을 말씀했습니다. 바로 이때에 아브라함은 하나님께 중보의 기도를 드렸습니다.

(1) 아브라함의 기도는 끈질긴 기도였습니다.

아브라함은 한 번의 기도로 끝난 것이 아닙니다. 그는 처음에는 50인을 위하여 용서치 않겠습니까? 하고 시작하였다가 마지막에는 10인의 의인을 찾으면 멸망치 않겠다고 약속을 받았습니다.

하나님께 응답되는 기도는 끈질긴 기도입니다. 야곱이 씨름할 때에 내게 축복해 주지 않으시면 절대로 놓지 않겠다고 했습니다. 우리의 기도는 끈질겨야 합니다.

(2) 하나님의 은총을 간구하는 기도였습니다.

소돔의 멸망을 전해 들었을 때 아브라함은 소돔을 위해서 간절히 하나님의 은총을 간구하였습니다. 이것이 바로 중보적 기도를 드리는 사람의 자세입니다.

놀라운 것은 아브라함은 조카 롯의 가족만 구원하려고 한 것이 아니고 소돔과 고모라의 모든 사람들을 구원하려고 하였다는 것입니다.

(3) 아브라함의 기도는 공의에 근거한 기도였습니다.

창 18:23절에 "의인을 악인과 함께 멸하시려고 하시나이까?"하고 호소했습니다. 하나님의 성품에는 두 가지가 있습니다. 하나는 공의요 다른 하나는 사랑(긍휼)입니다. 이 둘은 뗄 수 없는 것입니다. 그러나 이둘 중에 더 중요한 것은 바로 사랑입니다. 로마서 5:8절에 "우리가 아직 죄인 되었을 때에 그리스도께서 우리를 위하여 죽으심으로 하나님께서 우리에게 대한 자기의 사랑을 확증하셨느니라". 하나님은 공의로운 하나님이시지만 그의 사랑을 통하여 완성하신다는 것입니다.

(4) 아브라함의 기도는 긍휼을 간구한 기도입니다.

아브라함의 기도는 진노 중에서도 하나님의 긍휼을 간구한 기도였습니다. 창 19:29절에 "아브라함을 생각하사"라고 했습니다. 의인 열이 없어서 소돔과 고모라는 멸망되었지만 아브라함을 생각하여 롯을 구원하여 주셨다는 말입니다. 하나님께서 그의 긍휼을 롯에게 베풀어 주셨다는 것입니다.

(5) 무엇보다도 아브라함의 기도는 의인의 간구였습니다.

의인의 간구는 하나님께 외면당하지 않음을 보여줍니다. 약 5:16절에 "의인의 간구는 역사하는 힘이 많으니라"고 하였습니다. 그러므로 우리는 의로운 삶을 살아야 합니다.

2. 본문이 주는 교훈을 살펴보겠습니다.

(1) 의인이 얼마나 있느냐가 문제입니다.

어떤 사회든지 최소한의 의인이 없을 때에는 하나님께서 심판하실 수밖에 없다는 것을 보여줍니다. 이 사회를 지탱하는 힘은 정치가 아닙니다. 경제도 아닙니다, 교육도 아닙니다. 바로 의인입니다. 기독교인의 숫자가 문제가 아니고 의인이 얼마나 있느냐가 문제입니다.

그러면 누가 의인입니까?

갈 2:16절에 "사람이 의롭게 되는 것은 율법의 행위에서 난 것이 아니요. 오직 예수 그리스도를 믿음으로 말미암'아 된다고 했습니다.

갈 3:6절에 "아브라함이 하나님을 믿으매 이것을 그에게 의로 정하셨다 함과 같으니라." 즉 믿어야 의롭게 됩니다. 믿음이 없으면 절대로 의롭게 될 수 없습니다.

(2) 먼저 자신이 의인이 되어야 합니다.

우리는 사회의 타락상을 지탄하고 한탄하기보다는 먼저 자신이 하나님 앞에서 의인으로서 바로 서야 합니다.

우리는 믿음으로 말미암아 의인이 되고 날마다 성화의 삶을 살뿐 아니라 나아가 민족을 지탱할 수 있는 최소한의 의인이 되도록 힘써야 합니다.

(3) 시대의 제사장이 되어야 합니다.

우리 가정과 사회의 운명과 이 민족의 장래가 바로 우리의 기도하는 손과 무릎에 달려 있다는 것을 기억해야 합니다. 왜냐하면 우리는 이 시대의 제사장이기 때문입니다. 우리가 낙타의 무릎처럼 기도하고 있는 한 우리 민족의 장래가 밝습니다.

환상을 가진 젊은이들

(행2:14-19)

본문은 요엘 2:28~30절에 있는 말씀의 인용입니다. 구약의 요엘 선지자가 오순절에 있게 될 성령강림을 예언하면서 그때에는 젊은이들이 환상을 가지게 될 것이라고 예언한 것입니다.

1. 왜 우리는 환상을 가져야 하는가?

(1) 환상의 의미

환상이 없으면 우리는 동물처럼 땅의 것만 바라보고 살게 되기 때문입니다. 사람은 위를 보고 사는 존재입니다.

(2) 환상을 가진 사람이 되어야 합니다.

환상을 가진 개인이 성공하고, 환상을 가진 교회가 성장하기 때문입니다.

전 29:18절에 "묵시가 없으면 백성이 방자히 행하거니와"라고 했습니다. 이 묵시는 영어 성경에 보면 환상이라고 번역하고 있습니다. 지금 우리의 위기는 물질이 없어서가 아니라 환상이 없다는데 있습니다.

욥 33:15-17절에 보면 하나님께서 꿈과 이상을 주시는 것은 교만을 막기 위해서라고 합니다. 환상을 가진 사람은 성공한다고 교만하지 않고, 실패한다고 낙망하지 않습니다.

(3) 환상을 가진 민족이 성공하고 행복합니다.

환상을 가진 사람과 민족은 어떤 역경 속에서도 잘 참고 견디기 때문입니다. 해방 후에 우리들에게 얼마나 많은 역경이 있었습니까? 그러나 그때에 자살이란 것이 없었습니다. 왜냐하면 환상이 있었고, 꿈이 있었기 때문입니다. 그러나 지금은 잘먹고 잘사는데 자살자가 점점 늘어나고 있습니다. 환상이 없고 꿈이 없기 때문입니다. 그러므로 우리는 환상을 가져야 합니다.

2. 우리는 어떤 환상을 가져야 합니까?

(1) 아브라함의 환상(창15:1)

아브라함에게 주신 세 가지 복은 바로 그가 가진 환상이었습니다. 아들을 주어 하늘의 별처럼 바다의 모래처럼 번성하게 하겠다, 가나안 땅을 주겠다, 후손 가운데 메시아를 보내어 복의 근원이 되게 하겠다는 것은 하나님의 약속이고 아브라함이 품은 환상이었습니다.

(2) 야곱의 환상(창28:12)

야곱은 욕심 많은 영적인 사람이 아니었습니다. 그러나 그에게는 광야에서 본 환상이 일생을 좌우했습니다. 사닥다리가 하늘에까지 닿았고, 그리고 천사가 오르락내리락하는 것을 보았습니다. 이것이 야곱을 이스라엘로 변화시켜주는 힘이 되었습니다.

(3) 다니엘의 꿈(단2:19)

다니엘이 느브갓네살의 꿈을 해석해준 것은 단순히 지혜가 많아서가 아닙니다. 다니엘이 기도와 환상의 젊은이였기 때문입니다. 그는 환상을 통하여 세계사를 보는 위대한 사람이 되었습니다. 그 결과 이민자요 포로로서 바벨론의 위대한 총리가 된 것입니다.

(4) 베드로의 환상(행10:9-20)

베드로는 기도할 때에 세 번이나 큰 보자기가 네 귀를 매어 땅에 내려오는데 그 안에 지금까지 레위기 11장에서 부정하다고 배워온 속된 것들이 들어 있는 것을 잡아먹으라는 음성을 듣게 되었습니다. 하나님께서 깨끗하게 한 것을 네가 속되다 하지 말라는 음성을 듣고 백부장 고넬료에게 전도하여 선교의 새 역사를 이룩하게 되었습니다.

(5) 바울의 환상(행16:9; 18:9)

바울의 가장 유명한 환상은 마게도냐인의 환상입니다. 밤에 환상 중에 마게도냐로 건너와서 우리를 도우라는 환상은 복음의 물결이 아시아에서 유럽으로 옮겨지는 역사의 큰 변화를 가져왔습니다. 바로 이 마게도냐인의 환상이 역사를 변화시킨 것입니다. 오늘의 유럽을 만드는 기틀이 된 것입니다.

3. 하나님께서 주시는 환상을 가지려면

(1) 성령을 받으면 위로부터 주시는 환상을 갖게 됩니다.

17절에 "말세에 내가 내 영으로 모든 육체에게 부어 주리니 너희의 자녀들은 예언할 것이요, 너희의 젊은이들은 환상을 보고, 너희의 늙은 이들은 꿈을 꾸리라"고 했습니다.

(2) 기도하면 하나님께서 환상을 주십니다.

성경에 나오는 모든 위대한 인물들은 다 기도의 사람들입니다. 그들이 환상을 본 것의 공통점은 어두운 밤에 환상을 보았다는 것이고 다른 하나는 기도할 때 환상을 보았다는 것입니다.

(3) 중요한 것은 말씀 속에 하나님의 환상이 숨 쉬고 있습니다.

성경은 환상의 책입니다. 누구나 보면 하늘의 환상을 가질 수 있기 때문입니다. 그러므로 환상이 없는 사람은 성경을 읽지 않았기 때문입니다.

이 어쩐 일이냐?

(행2:5-13)

오늘 본문에는 오순절 때에 제자들이 방언하는 것을 보고 사람들이 놀라 '어찜이뇨' 하고 소동을 했습니다. 그러나 또 한편에서는 저희가 새 술에 취한 것이라고 비아냥거리기도 했습니다. 보지 못하면 누구나 다 오해를 하는 것입니다.

영의 세계에는 더욱 신비한 것이 많습니다. 그러므로 우리는 나의 체험만을 중심으로 남의 체험을 비판하거나 정죄해서는 안 됩니다. 왜냐하면 영의 신비한 세계는 우리의 경험이나 지식이나 상식을 초월한 많은 것들이 있기 때문입니다.

1. 신비한 영계의 정체는?

신비란 말은 영어로는 미스터리(mystery)라고 하고, 우리말의 번역에는 '비밀'이라고 번역하고 있습니다. 이 말은 '전수받은 자'란 단어에서 유래했습니다. 또 이 말은 '닫혀 있다'는 뜻을 가지고 있습니다. 즉 비밀이란 말은 밖의 사람들에게는 완전히 닫혀 있다는 말입니다. 전수받지 않고는 아무도 알 수 없다는 뜻입니다.

영의 신비는 제자들에게는 허락되었지만 바리새인들에게는 닫혀 있었습니다. 신비한 영의 세계는 오직 허락받은 사람에게만 열려져있습니다. 그래서 고전 2:8절에 "이 지혜는 이 세대의 관원이 하나도 알지 못하였나니 만일 알았다면 영광의 주를 십자가에 못 박지 아니하였으리라"

고 했습니다. 좀 더 구체적으로 무엇이 신비한 세계인지 알아보겠습니다.

(1) 천국이 바로 신비한 영의 세계의 중심입니다.

영의 세계의 신비 중에 신비는 바로 하나님의 나라입니다. 장소가 있는 것은 사실이나 아무도 그 장소를 모릅니다. 천국은 여기 있다 저기 있다고도 못하리니 너희 안에 있느니라고 했습니다. 이때 너희 안에라는 말은 너희 가운데라는 뜻입니다. 하나님의 통치가 이루어지는 그 가운데 천국이 있다는 뜻입니다.

(2) 하나님의 섭리가 바로 영의 신비한 세계입니다.

영의 세계를 보는 사람들은 하나님의 섭리의 손길을 보고, 느끼면서 삽니다. 섭리를 모르는 사람들은 인생을 우연으로 돌리기도 하고, 운명으로 돌리기도 합니다. 그러나 우리는 하나님의 섭리 속에 있지 우연도 운명도 아닙니다.

(3) 하나님의 신비의 세 번째는 사명감에서 볼 수 있습니다.

이 사명감은 바로 영의 세계에서만 일어납니다. 따라서 우리가 영의 세계에 살면 자신의 사명을 깨닫게 되고, 알게 되는 신비를 보게 됩니다. 사명은 하나님의 섭리의 손길을 보기 전에는 알 수가 없습니다. 그러나 영의 세계를 보면 내가 바로 하나님의 손인 것을 깨닫게 되고 사명자인 것을 깨닫게 됩니다.

2. 어떻게 이 영의 세계에 우리도 살 수 있는가?

(1) 먼저 하나님이 보여주시는 것을 보아야 합니다.

엡 1:9절에 "그 뜻의 비밀을 우리에게 알리셨으니"라고 했습니다. 하나님은 우리들에게 이 영의 세계의 비밀을 예수님을 통해서 또 그의 종들을 통해서 보여주십니다. 이것을 우리는 보아야 합니다. 그러므로 주의 종들의 역할이 중요합니다.

(2) 성경을 통해 보여주시는 영의 신비한 세계를 보고 참여해야 합니다.

성경은 열려진 비밀입니다. 누구에게나 다 열려져 있지만 그러나 마치 비유처럼 많은 사람들에게 은폐되어 있습니다.

성경은 누구에게나 열려 있지만 바른 지도가 없이는 깨닫지 못합니다, 바른 지도자는 바로 성령님이시고 다음은 주의 종들입니다.

(3) 기도의 신비를 통해서 영의 세계에 들어갈 수 있습니다.

기도의 신비를 통해서 주시는 날마다의 구체적 말씀을 통해서 우리는 하나님과 만날 수 있고, 그의 음성을 들을 수 있습니다.

특별히 큐티를 통해서 그 날 그 날의 신비를 맛볼 수 있습니다. 큐티의 목적은 두 가지입니다. 첫째는 신앙의 성장이고, 둘째는 주님과 교제하면 하루하루의 생활을 승리하는 것입니다.

3. 영의 신비한 체험을 한 자의 생활은?

(1) 먼저 말씀 중심의 생활을 합니다.

계 10:7절에 "하나님의 비밀이 그 종 선지자들에게 전하신 복음과 같이 이루리라"고 했습니다. 복음 안에 영의 신비한 세계가 있고, 주의 종들을 통해서 그 비밀이 전수된다는 사실을 먼저 깨달아야 합니다.

(2) 다음은 믿음 중심의 생활을 합니다.

딤전 3:8절에 "양심에 믿음의 비밀을 가진 자라야 할지니". 집사의 자격을 말씀한 가운데 주신 말씀입니다. 믿음을 가지면 영의 눈이 열려서 그 신비한 세계를 볼 수 있다는 것입니다. 그런데 그 믿음은 들음에서 나며 들음은 그리스도의 말씀으로 말미암는 다고 했습니다.

(3) 영적 생활을 체험한 사람은 어떻게 해야하나?

영적 신비한 생활을 체험한 사람은 그 체험을 나누어야 합니다. 세상의 비밀은 발설하면 안 됩니다. 그러나 사람들은 발설하기를 좋아합니다. 반대로 영의 세계의 비밀은 되도록 많이 발설해야 합니다. 전해야 합니다. 나누어야 합니다. 그러나 이상한 것은 사람들은 침묵을 취합니다. 그러나 우리가 증거 하지 않으면 우리는 나중에 피 값을 지불해야 합니다. 이 얼마나 무서운 말입니까?

영적 신비한 생활을 체험한 사람은 그 체험을 나누어야 합니다.

은사의 활용

(롬12:3-8)

우리는 다 은사가 있습니다. 그러나 대부분의 사람들은 이 은사를 깨닫지 못하고 땅에 묻어 두는 경향이 있습니다. 그래서 이 시간에는 한 해를 마무리하면서 이 은사를 개발하여 내년에는 활용할 수 있기를 축원합니다.

1. 먼저 우리 각 사람에게 주시는 권면이 있습니다.

그것은 마땅히 생각할 그 이상의 생각을 품는 데 문제가 있습니다. 왜냐하면 인간은 다 하나님께로부터 왔기 때문에 마땅히 생각할 그 이상의 생각을 하게 되면 하나님의 뜻을 어기게 되기 때문입니다. 우리는 스스로 만들어낸 것이 없기 때문입니다. 교만해지기 때문입니다. 자신을 대단한 존재로 착각하기 때문입니다.

우리가 빠지기 쉬운 함정은?

자신을 너무 중요한 사람으로 착각합니다. 자신의 능력을 과대평가합니다. 자기의 외모나 인기나 교육을 지나치게 평가합니다. 다른 사람들보다 우월하다고 생각합니다. 그래서 무리한 시도를 합니다. 믿음이란 이름으로 허황한 일들을 시도합니다. 그러나 하나님 앞에서는 이런 것이 가장 무서운 죄입니다. 더구나 믿음이란 이름으로 죄를 지을 때는 회개가 힘듭니다.

2. 우리는 어떻게 해야 할까요?

(1) 모든 것은 믿음의 분량대로 해야 합니다.

6절에서는 믿음의 분수라고 했습니다. 여기서 믿음이란 행하는 믿음을 말합니다. 우리는 다 이 은사를 받았습니다. 받은 은사가 각각 다릅니다. 이 받은 은사대로 하는 것이 바로 믿음의 분량대로 하는 것이고, 그것이 바로 믿음의 분수대로 하는 것입니다.

(2) 다음은 지혜롭게 생각해야 합니다.

무엇이 지혜로운 생각입니까? 자신의 연약함과 부족함을 깨닫고 하나님만을 의지하는 것이 지혜로운 것입니다.

3. 하나님이 우리에게 주신 은사는?

(1) 예언의 은사를 줍니다.

여기서 중요한 것은 믿음의 분수대로 하는 것입니다. 그러기 위해서는 시대마다 구별이 있습니다. 구약시대에는 하나님의 뜻을 선포하는 은사입니다. 그러나 신약시대에 와서는 많은 변화가 왔습니다. 미래를 예언하는 것은 매우 드물었습니다. 그 대신 예수 그리스도 안에서 일어난 일을 선포하는 일이었고, 장래에 재림하실 주님에 관한 내용이었습니다.

그러면 오늘의 예언자는 누구입니까? 무엇을 예언해야 합니까?

"예언하는 자는 사람에게 말하여 덕을 세우며 권면하여 안위하는 것이요"(고전14:3). 다시 말하면 오늘날의 예언은 살아 계신 말씀인 예수님을 증거하는 것이 예언이고, 그의 기록된 말씀인 성경을 선포하는 것이 바로 오늘의 예언입니다. 그 외의 것을 예언한다면 그것은 이단입니다.

(2) 섬김의 은사를 주셨습니다.

다른 사람들을 섬기며 돌보는 것을 말합니다. 그러나 우리들은 남을 섬기기보다는 섬김을 받으려고만 합니다. 주님은 섬기기 위해서 오셨다고 하면서 종의 삶을 살았는데 왜 우리는 주님을 따르지 않고, 세상 사람들을 따르는지 모르겠습니다.

(3) 가르치는 은사도 주셨습니다.

진리를 가르치며 진리 안에 뿌리를 내리도록 돕는 것을 말합니다.

(4) 권위의 은사도 주셨습니다.

다른 사람의 용기를 북돋아주며 동기를 부여하는 것을 말합니다. 권사들의 하는 일이 바로 이것입니다.

(5) 구제의 은사도 주셨습니다.

돈이나 의복이나 음식이나 물질을 나누어 주는 일을 말합니다. 여기서는 보이기 위해서나 인색함으로 해서는 안 됩니다. 남들의 칭찬을 받기 위해서 해서도 안 됩니다. 성실함으로 하라고 했습니다.

(6) 다스림의 은사까지 주셨습니다.

이것은 장로들의 지도력, 관리, 행정의 능력을 말합니다. 이런 사람은 부지런히 해야 하고, 게을러서는 안 됩니다. 그러나 지금은 점점 책임만 맡고, 성경대로 부지런하지 못한 경향이 있습니다. 참 안타까운 일입니다.

(7) 긍휼의 은사도 있습니다.

다른 사람들에게 친절을 베푸는 것을 말합니다. 중요한 것은 즐거움으로 해야 합니다.

오늘 우리는 내가 받은 은사가 무엇인가를 살펴보면서 개발하여 그 은사를 땅에 묻어두어 마지막 날에 하나님의 심판을 받지 말고, 그 은사를 활용하여 칭찬 받는 우리들이 다 되시기를 축원합니다.

초막절이 가까운지라

(요7:1-9)

1. 지금은 어느 때인가?

우리가 시간을 말할 때 과거와 현재, 미래로 생각합니다. 그래서 먼저 살펴볼 것은 지금은 어느 때인가입니다. 예수님께서 말씀하시고 계신 때는 초막절이 가까운 때였습니다. 당시 유대인들은 적어도 세 절기에는 예루살렘에서 15마일 안에 살고 있는 사람들은 반드시 이 절기에 참여해야 하는 의무가 있었습니다.

그러나 경건한 유대인들은 외국에서도 찾아왔습니다. 8일 동안 이 절기를 지키는데 이 초막절은 광야에서 지낼 때 그들의 초막 속에서 살며 고생하고 그때에 하나님의 도우심으로 생명을 부지할 수 있었던 것을 기념하는 절기입니다.

예수님께서 내 때가 아직 이르지 않았다는 말뜻은 공적으로 예루살렘에 입성할 때에 맞추어 모든 것을 행한다는 의미입니다. 인간에게 있어서 시간의 개념과 함께 자기가 사는 때를 분별하는 것이 매우 중요합니다. 그러나 대부분의 사람들은 때를 분별하지 못합니다.

인생을 사는데는 때를 분별해야 합니다. 낮과 밤을 구별해야 하고, 봄, 여름, 가을, 겨울의 철을 구별해서 무엇을 해야 할지를 분별해야 합니다. 그것이 농부의 성공을 가져오기 때문입니다. 봄에 밭을 갈고, 씨를 뿌려야지 겨울에 밭을 갈고, 씨를 뿌린다면 그는 때를 분별하지 못하는 사람입니다.

돈을 잘 버는 사람을 보면 다 투자할 때와 사업을 축소해야 할 때를
잘 분별하는 사람들이고, 사람들을 적재적소에 잘 구별하여 배치하는
사람들입니다. 여러분, 놀라운 것은 돈을 버는 비결과 교회 성장의 비
결은 분야만 다르지 원리적으로 똑같다는 점입니다. 때를 바로 분별해
야 합니다. 일해야 할 때와 쉴 때를 분별하고, 어디에 더 역점을 두어야
할지를 분별해야 합니다.

2. 하나님의 때와 사람의 때

본문 6절에 보면 예수님은 하나님의 때와 사람의 때를 구별하고 있는
것을 볼 수 있습니다. "내 때는 아직 이르지 아니하였거니와 너희 때는
늘 준비되어 있느니라." 주님의 이런 대답은 피를 나눈 형제들까지 믿지
않고 빈정거리는 것에 대한 말씀이었습니다. 당시 주님에게는 남동생
넷이 있었습니다. 야고보, 요셉, 시몬, 유다입니다. 주님이 부활 후에
야고보는 예루살렘 교회에서 아주 중요한 위치에 있게 되었습니다. 여
동생들도 있었으나 성경에는 전혀 이름이 나오지 않습니다.

내 때는 아직 이르지 않았다는 이 말씀은 몇 가지의 뜻이 있습니다.

(1) 주님을 모르고 인정하지 않는 시대를 말합니다.

지금은 세상이 어두움을 좋아하기 때문에 주님의 구주되심과 메시야
되심, 그리고 그의 주장이나 말씀을 인정하려 하지 않는 때라는 것입니
다.

(2) 권세 자들이 환대받는 시대입니다.

지금은 어두움의 권세 자들과 그 추종자들이 환호받는 시대라는 것입
니다. 의인들이 진리를 말해도 인정되지 않고, 환영을 받지 못하는 때
라는 것입니다.

(3) 빛의 자녀들의 기회가 있습니다.

따라서 빛의 자녀들은 지금이야 말로 세상의 악함을 선포할 때가 되었다는 것입니다. 그러나 형제들이 말하는 것처럼 예루살렘에 왕으로 입성할 때가 아직 이르지 않았던 것입니다.

헬라어 원어에서 때를 표현하는 단어로써 사람의 때에는 크로노스란 단어이고, 하나님의 때에는 카이로스란 단어를 사용합니다. 본문에는 카이로스란 단어가 사용되었습니다. 이 단어는 기회란 말로 번역하기도 합니다. 그러므로 우리가 무엇을 결정할 때 우리는 하나님의 때가 되었는가를 먼저 살펴보고 결정해야 합니다. 무엇보다도 기회가 왔는가? 를 살펴보고 결정해야 합니다. 보통의 경우 하나님이 주신 기회인지에 대해서는 별로 생각하지 않는 경우가 많습니다.

3. 이 시대에 풍성한 인생을 사는 참 지혜는?

유대인들은 바벨론 포로 이후에 항상 가졌던 질문은 왜 우리들에게 바벨론 포로가 일어났는가? 하는 질문을 하였습니다.

또한 6백만의 학살사건인 홀로코스트를 잊지 않기 위해서 여기저기에 홀로코스트 인스티뉴으트를 만들고 예루살렘의 시외정거장에 '잊지 말자'라는 큰 비석을 세워두고 있습니다.

(1) 우리의 초점을 하나님께로 향해야 합니다.

마 6:33절의 말씀대로 우리의 초점을 하나님께로 계속해서 맞추어야 합니다. 세속으로 향하고 물질주의와 황금만능주의로 흐르는 우리의 초점을 하나님께로 바로 맞추어야 모든 것이 바로 보입니다.

(2) 우리 이웃이 누구인가를 알아야 합니다.

다음은 우리의 이웃이 누구인가를 알아야 합니다. 가장 가깝게는 남편이요 아내이고, 또 우리의 직업이 있고 삶이 있는 곳의 이웃들입니다.

(3) 시대를 분별하고 근신해야 합니다.

끝으로 이 시대를 분별해서 근신하고 기도해야 합니다. 벧전 4:7절에 "만물의 마지막이 가까웠으니 그러므로 너희는 정신을 차리고 근신하여 기도하라"고 했습니다. 시대를 알려면 성경이란 영적 나침판과 기도를 통한 통찰력이 꼭 필요한 것입니다. 왜냐하면 주님의 때가 점점 가까이 오고 있기 때문입니다.

하늘이 열리고

(행7:54-60)

1. 우리에게는 7개의 문이 열려야 합니다.

(1) 무엇보다도 영의 눈이 열려야 합니다.

열왕기하 6장에서 아람 왕이 이스라엘을 공격하기 전에 먼저 선지자인 엘리사를 잡으려고 도단을 에워쌌습니다. 왜냐하면 엘리사 선지자가 있는 한 이스라엘을 이길 수 없었기 때문입니다. 이것을 본 종 게하시가 어떻게 하면 좋습니까? 하고 두려워합니다. 그러나 엘리사는 그를 향해서 이렇게 말합니다. "두려워하지 말라. 우리와 함께 한 자가 저와 함께 한 자보다 많으니라." 그러면서 하나님께 기도합니다. "저의 눈을 열어 보게 하옵소서." 그러자 불말과 불병거가 산에 가득하여 엘리사를 둘러싼 것이 보였습니다. 지금도 하나님은 그의 불말과 불병거를 통해서 수많은 천사들을 통해서 저와 여러분들을 보호하고 계십니다.

(2) 다음은 신령한 입이 열려야 합니다.

인간의 입은 세 가지의 일을 합니다.

첫째는 입으로 먹습니다.

둘째는 입으로 말을 합니다

셋째는 더 중요한 것은 입으로 신령한 말을 할 수 있습니다.

하나님의 말씀, 진리의 말씀은 신령한 입이 열려야 할 수 있습니다.

신령한 입이 열려야 전도도 하고, 생명을 구원 할 수 있습니다.

(3) 영적인 귀가 열려야 합니다.

마가복음 7:34절에 예수님께서 데가볼리에 왔을 때, 사람들이 귀먹고 어눌한 자를 데리고 와서 안수 받기를 원했습니다. 이때에 주님은 에바다 열려라 하시면서 귀를 열어 주시고, 말을 하게 하였습니다. 계시록에 보면 "귀 있는 자는 성령이 교회들에게 하시는 말씀을 들을지어다"라고 말씀하고 있습니다. 중요한 것은 신령한 귀가 열려야 하나님의 음성을 듣고 그의 말씀을 깨달을 수 있습니다.

(4) 하늘 문이 열려야 하나님의 일을 할 수 있습니다(행7:56).

마가복음 7:34절에 예수님이 세례를 받고 물에서 올라오실 때에 하늘이 열리고, 하나님의 성령이 비둘기같이 내려 주님 위에 임하셨다고 했습니다. 요 1:51절에 나다나엘을 향해 "하늘이 열리고, 하나님의 사자가 인자 위에 오르락내리락하는 것을 보리라"고 했습니다. 하늘의 문이 열린다는 것은 하나님과의 교통의 길이 열리고, 축복의 길이 열린다는 뜻입니다. 이것은 하늘의 보화창고의 문이 열린다는 뜻입니다. 신 28:12절에 "하늘의 아름다운 보고를 열어서 우리의 손으로 하는 모든 일에 복을 주시리니 우리가 많은 민족에게 꾸어줄지라도 우리는 꾸지 아니할 것"이라고 했습니다.

(5) 다음은 전도의 문이 열려야 합니다.

골 4:3절에 기도할 때에 전도할 문이 열리도록 하라고 했습니다. 우리가 기도하지 않고는 전도의 문이 열리지 않기 때문입니다. 그러므로 우리는 항상 전도의 문이 열리게 해달라고 기도해야 합니다.

(6) 세상에서는 성공의 문이 열려야 합니다.

이것을 형통이라고 합니다. 가장 대표적인 사람이 요셉입니다. 요셉은 형제들의 미움을 받아 애굽에 노예로 팔려가고 보디발의 아내의 성적 희롱을 거절하였다고 해서 모함을 받아 감옥에 갇혔으나 하나님께서는 요셉이 가는 곳마다 함께 하셔서 형통하게 하였다고 했습니다. 창 39:2절에 "여호와께서 요셉과 함께 하시므로 그가 형통한 자가 되었"다고 했습니다. 오늘날 우리에게도 하나님이 허락하시는 형통의 문이 열려야 합니다.

(7) 가장 중요한 것은 시온의 대로가 활짝 열려야 합니다.

시 84:5절에 "주께 힘을 얻고, 그 마음에 시온의 대로가 있는 자는 복이 있나이다."라고 했습니다. 천국의 길을 말하는 것입니다.

2. 하늘의 문이 열릴 때에 주시는 하나님의 축복은 무엇인가?

(1) 하나님을 만날 수 있습니다.

인간은 하나님을 만나야 문제가 해결됩니다. 그러나 인간은 죄인이기에 하나님을 직접 만날 수가 없습니다. 주님의 십자가 사건을 통해서만 주님을 통해서 하나님께 나아갈 수 있는 길이 열린 것입니다. 다시 말하면 하늘의 문이신 예수님을 통해서 우리는 하나님을 만날 수가 있는 것입니다.

(2) 하늘 문이 열릴 때 기도 응답이 있습니다.

하늘이 문이 열리게 될 때에 기도가 상달이 되고, 응답이 됩니다. 마 7:7절에 "구하라 그러면 너희에게 주실 것이요 찾으라. 그러면 찾을 것이요 문을 두드리라 그러면 너희에게 열릴 것이니"라고 했습니다.

(3) 하늘이 열리면 진리의 세계를 보게 됩니다.

계 4:1절에 "이리로 올라오라. 이후에 마땅히 될 일을 내가 네게 보이리라"고 했습니다. 하나님의 계시를 본다는 것입니다. 지금도 성령의 조명이 없으면 진리를 깨달을 수가 없고, 영의 세계를 이해할 수가 없습니다. 그러므로 우리에게 하늘의 문이 열려져야 합니다.

(4) 하늘의 문이 열리면 하나님께서 무엇을 주시나?

하늘의 문이 열리면 창고의 문을 열어서 쌓을 곳이 없도록 복을 주십니다. 말 3:10절에 "하늘 문을 열고 너희에게 복을 쌓을 곳이 없도록 붓지 아니하나 보라"고 했습니다. 그러므로 하늘의 문이 열려져야 합니다. 우리들에게 필요한 모든 축복은 오직 하늘의 창고의 문이 열려져야 받을 수 있습니다.

(5) 중요한 것은 하늘의 문이 열려야 천국에 들어가게 됩니다.

우리의 궁극적인 목적은 천국에 가는 것입니다. 그런데 이것이 우리가 죽은 후에 이루어지는 것이 아니라 믿는 그 순간에 천국의 백성이 됩니다. 요 5:24절에 "내 말을 듣고 또 나 보내신 이를 믿는 자는 영생을 얻었고, 심판에 이르지 아니하나니 사망에서 생명으로 옮겼느니라"고 했습니다.

우리에게 하늘의 문이 열려서 하나님을 만나고, 기도가 응답되고, 하늘의 진리를 보고, 천국 창고의 문이 열리고, 천국의 백성 되는 축복이 임하시기를 축원합니다.

큰 기쁨이 있더라

(행8:1-8)

1. 하나님께서 원하시는 것

하나님께서 우리 성도들에게 가장 원하는 삶은 바로 큰 기쁨의 삶이라는 것입니다. 그런데 우리는 불행하게도 그 큰 기쁨의 삶을 잃어버리고 있습니다. 언제부터인가 상실하고 있습니다. 우리는 큰 기쁨의 삶을 다시 회복 할 수 있어야 되겠습니다.

본문에 보면 사마리아 지역에 복음이 전파되면서 신유의 은사들이 나타나기 시작했습니다. 하나님의 놀라운 역사가 국경을 넘어서 이방인의 세계로 번지기 시작한 것입니다. 더러운 귀신들이 크게 소리 지르며 나가고, 많은 중풍병자와 앉은뱅이가 치료되었다고 했습니다. 그리고 사마리아 성에는 큰 기쁨이 나타나기 시작하였습니다.

살전 5:16절에 "항상 기뻐하라"고 명령하고 있습니다. 왜냐하면 하나님이 우리들에게 원하는 삶이기 때문입니다. 또 바울이 감옥에 갇혀 있을 때에 그는 빌립보 교회에 편지를 썼습니다. 그때에 그는 "주 안에서 항상 기뻐하라. 내가 다시 말하노니 기뻐하라"고 반복해서 말합니다. 주님도 요 17:13절에 "저희로 내 기쁨을 저희 안에 충만히 가지게 하려 함이니라"고 했습니다.

2. 언제 큰 기쁨이 오는가?

(1) 복음과 함께 큰 기쁨이 전달되기 시작하였다고 했습니다.

이것은 복음 이외에는 없는 참 기쁨이 없다는 뜻입니다. 그런데 초대교회 성도들은 주님의 지상명령에도 불구하고 복음을 온 세상에 전하지 않았습니다. 예루살렘과 유다 지역에만 전했습니다. 주님은 분명히 너희는 가서 온 족속으로 제자를 삼으라고 했습니다. 또 "오직 성령이 너희에게 임하시면 너희가 권능을 받고, 예루살렘과 온 유대와 사마리아와 땅 끝까지 이르러 내 증인이 되리라"(행1:8)고 했습니다. 그러나 초대교회의 교인들은 꼼짝하지 않고, 국경을 넘어 선교하려고 하지 않았습니다.

그때에 하나님께서는 스데반의 순교와 함께 핍박이 번지게 했습니다. 그래서 성도들이 살기 위해 이곳저곳으로 흩어지기 시작하였습니다. 4절의 말씀이 바로 그때의 형편을 말씀한 것입니다. "그 흩어진 사람들이 두루 다니며 복음의 말씀을 전할새." 바로 이때에 큰 기쁨이 함께 나타나기를 시작한 것입니다. 그러므로 큰 기쁨의 비결은 복음과 함께 나타납니다.

(2) 그러면 복음이 무엇입니까?

복음이란 우리들이 예수님의 보혈로 죄 사함을 받았다는 복된 소식입니다. 따라서 죄 사함을 받게 되었을 때에 큰 기쁨이 생깁니다. 죄 사함을 받는다는 말은 다른 말로 하면 주의 구원을 기뻐한다는 말입니다. 시 13:5절에 "나는 주의 구원을 기뻐 하리이다."라고 했습니다. 시 35:9절에 "내 영혼이 여호와를 즐거워함이여 그 구원을 기뻐 하리로"다고 했습니다.

(3) 주안에 있을 때에 큰 기쁨이 옵니다.

큰 기쁨이란 영적인 기쁨입니다, 위로부터 오는 기쁨입니다. 그래서 빌 4:4절에 "주안에서 항상 기뻐하라 내가 다시 말하노니 기뻐하라"고 했습니다. 또 요 15:11절에 보면 신자들이 그리스도 안에 거하게 될 때에 큰 기쁨이 있다고 했습니다. "내가 이것을 너희에게 이름은 내 기쁨이 너희 안에 있어 너희 기쁨을 충만하게 하려 함이니라"고 했습니다. 다시 말하면 주님밖에 있을 때에는 큰 기쁨은 가질 수가 없습니다.

(4) 주님과 동행할 때에 큰 기쁨이 있습니다.

왜냐하면 주님과 동행하면 항상 말씀을 들을 수가 있습니다. 그래서 기쁨이 있습니다. 예수님이 예루살렘에 입성하실 때에 나귀가 주님을 태우고 들어갔습니다. 나귀는 말처럼 사람들에게서 사랑을 받지 못하는 동물입니다. 그럼에도 예수님을 등에 태웠다는 단순한 이유 때문에 호산나 찬송하리로다 하면서 찬양을 받았고, 예루살렘에 들어갈 수 있었고, 성경에 기록되는 축복을 받았습니다. 우리도 마찬가지입니다. 예수님과 동행하면 기쁨이 있습니다.

(5) 성령의 열매를 맺게 될 때 큰 기쁨이 있습니다.

나무도 열매를 맺을 때 기쁨이 있습니다. 열매를 기뻐하기 때문에 김도 매주고, 풀도 뽑아주고, 거름도 주고, 소독도 하여 줍니다.

사람들도 열매를 맺을 때에 기쁨이 있습니다. 성령의 열매가 어떤 것입니까? 사랑과 희락과 화평인데 특별히 희락, 다시 말해서 기쁨이야말로 성령 받은 사람의 특징입니다. 이 기쁨은 말로 설명할 수 없는 기쁨이요, 아무도 빼앗을 수 없는 기쁨입니다.

(6) 가장 큰 기쁨은 천국에서 상급을 받을 때입니다.

바로 이 기쁨 때문에 순교를 하고, 핍박을 받고, 희생을 합니다. 고난은 천국에서의 상급을 받는다는 보증수표입니다. 우리도 이 기쁨을 위해서 세상에서 오해도 받고, 욕을 먹기도 하고, 고통을 당하기도 합니다.

3. 문제는 우리에게 큰 기쁨의 삶을 방해하는 것들이 있습니다.

(1) 첫째는 불신앙 때문입니다.

아무리 우리에게 기쁨이 있어도 신앙이 없으면 그것을 볼 수 없습니다. 받을 수도 없습니다. 가질 수도 없습니다. 그래서 우리들에게 중요한 것은 바로 신앙 자체입니다. 믿음이 있으면 우리의 눈에 보이지 않는 신령한 세계가 보이고, 비록 고통을 당해도 그 의미를 깨닫고 있기에 눈물 속에서도 기뻐할 수 있습니다.

(2) 다음은 의심 때문입니다.

의심이란 인간의 마음속에 있는 지옥입니다. 의심은 절망의 형제입니다. 마태복음 14장에 보면 시몬 베드로가 자기도 물 위로 걷기를 원하여 주님께 요청했습니다. "나를 명하사 물 위로 오라 하소서" 그때에 주님은 오라고 했습니다. 그러나 바람을 보자 무서워 빠져 주여 나를 구원 하소서 하고 소리 질렀습니다. 그때에 주님께서 하신 말씀이 "믿음이 적은 자여 왜 의심하느냐?" 바로 의심이 모든 문제의 근원입니다.

(3) 또 기도하기를 쉬기 때문입니다.

영적인 기쁨은 현실에 눈을 뜨면 안 보입니다. 눈을 감고 기도할 때에 비로소 환하게 보입니다. 그러므로 계속해서 기도해야 큰 기쁨을 가질 수 있습니다.

(4) 봉사를 하지 않기 때문입니다.

나무는 뿌리가 깊지 못하면 바람이 조금만 불어도 흔들리고, 때로는 나무가 뽑힙니다. 교회에서의 뿌리는 바로 봉사입니다. 그러므로 교회에 등록하고, 남들이 금식하면서 기도할 때에는 함께 하고, 고통도 나누어 가지면 심령 깊은 곳에서 오는 기쁨이 큽니다. 그러므로 하나님이 주신 은사를 따라 봉사를 해야 합니다.

(5) 세상에서의 취미와 세상에서의 성공에 빠져 있기 때문입니다.

우리는 다 취미가 필요합니다. 또 사업에도, 세상에서도 성공해야 합니다. 그래야 주님의 이름을 높일 수가 있습니다. 그러나 그것이 지나치면 우리는 위로부터 오는 기쁨을 상실할 수가 있습니다.

4. 우리가 어떻게 큰 기쁨의 삶을 살 수 있습니까?

(1) 작은 기쁨은 밝은 표정, 즉 미소로 나눌 수 있습니다.

만나는 사람마다 미소로 대하면 좋습니다. 미소는 큰 재산이고 힘이 됩니다. 그러나 큰 기쁨은 복음을 나눌 때에 옵니다. 그러므로 전도하는 일에 협력해야 합니다.

(2) 내 삶의 의미를 깨달을 때입니다.

언제 내 삶의 의미를 깨닫습니까? 그것은 나를 향하신 하나님의 섭리를 깨달을 때 옵니다. 내 생애가 우연이 아니고 하나님의 영원하신 뜻 가운데 있다는 것을 깨달을 때 옵니다. 지금도 하나님의 사용하는 도구라는 것을 깨달을 때에 옵니다.

(3) 하늘의 즐거움을 회복할 때입니다.

시 51:12절에 보면 들에서 양을 치면서 기뻐하였던 다윗이었습니다. 그래서 "여호와는 나의 목자시니 내가 부족함이 없으리로다"라고 노래했던 다윗이건만 그가 죄를 지은 후부터는 무슨 일을 해도 손에 잡히지 않고, 양심의 가책을 받기만 했습니다. 그러나 회개하고 난 후에는 다시 옛날의 즐거움을 회복하게 되었습니다. 따라서 죄의 문제가 해결될 때에 기쁨이 회복됩니다.

하나님께 쓰임 받는 사람은?

(출3:1-12)

참으로 성공적인 사람은 하나님께 쓰임받는 사람입니다.

1. 모세는 한때 자기 마음대로 모든 것을 할 수 있다고 생각했습니다.

출애굽기 2장을 보면 자기 민족이 고역을 당하고 있는 비참한 현실을 보았습니다. 마침 애굽 사람한테 히브리 사람이 맞는 것을 보고 혈기로 애굽 사람을 쳐서 죽입니다. 그러나 아무도 모르게 한 일이 탄로가 난 것을 보고 미디안 광야로 도망합니다. 그러나 그것이 큰 실수였습니다.

사람은 하나님께 쓰임받기 전에는 큰일을 할 수가 없습니다. 왜냐하면 역사의 주인이 바로 하나님이시기 때문입니다.

2. 하나님께 쓰임받는 비결은 무엇인가?

(1) 먼저 하나님을 믿어야 합니다.

본문에 보면 모세는 떨기나무 불꽃 가운데서 하나님을 만났습니다. 인간에게 중요한 것은 만남의 역사입니다. 세상에서 부부가 잘못 만나면 불행해집니다. 친구를 잘못 만나면 잘못된 길로 갑니다. 그러므로 중요한 것은 만남입니다. 중요한 것은 하나님과의 만남입니다. 하나님을 만나서 그의 소명을 받아야 쓰임 받을 수가 있습니다.

떨기나무는 이스라엘을 상징하는 나무입니다. 모세의 과거를 상징하는 나무입니다. 우리가 하나님을 만나기를 원한다면 떨기나무처럼 자신을 낮추고 겸손하고 우쭐대지 않을 때 나타나셔서 음성을 들려주시고, 불러서 사용하십니다.

(2) 다음은 영적인 관심을 가질 때입니다.

영적인 깊은 관심을 가질 때 하나님께 쓰임 받을 수가 있습니다.

3절에 보면 모세는 왜 떨기나무에 불꽃이 있는데 타지 않는가 하고 보려고 돌이켜 올 때 만나주셨습니다. 영적인 관심을 가질 때 하나님은 우리를 불러서 쓰십니다. 그러므로 나는 무엇에 관심을 가지고 있는가? 하는 자신에 대하여 살펴보아야 합니다.

(3) 하나님의 부르심에 응답할 때에 하나님은 쓰십니다.

하나님은 두 가지 종류의 부르심을 주십니다.

첫째는 수고하고 무거운 짐 진 자들아 다 내게로 오라 내가 너를 쉬게 하리라. 즉 구원에 대한 부르심이 있습니다.

둘째는 하나님의 일을 하도록 부르시는 것입니다. 본문에도 "모세야 모세야"라고 불렀습니다. 이때 모세는 응답했습니다.

"내가 여기 있나이다."

(4) 발에서 신을 벗을 때에 하나님은 불러 쓰십니다.

"이리로 가까이하지 말라. 너의 선 곳은 거룩한 땅이니 네 발에서 신을 벗으라" 당시에는 신을 벗는 다는 것은 '종의 자세를 가진다'는 뜻입니다. 하나님께서 모세에게 종의 자세를 가지라고 한 것입니다.

(5) 아브라함의 하나님, 이삭의 하나님, 야곱의 하나님이심을 믿어야 합니다.

하나님은 아브라함의 하나님, 이삭의 하나님, 야곱의 하나님이심을 발견해야 하나님께 쓰임을 받을 수가 있습니다.

이 말은 하나님은 '살아계신 하나님'이라는 뜻입니다. 역사 속에서 구체적으로 '역사하시는 하나님'이란 뜻'입니다.

(6) 겸손한 자를 들어 쓰시는 하나님

11절에 "내가 누구관대 바로에게 가며 이스라엘 자손을 애굽에서 인도하여 내리이까."

이것은 겸손입니다. 하나님은 겸손한 자를 들어 쓰시고, 교만한자는 버리십니다.

3. 쓰임 받는 사람들에게 주시는 하나님의 축복의 약속

(1) 너희와 항상 함께 있으리라

12절에 "내가 정녕 너와 함께 있으리라"고 했습니다. 이것은 주님께서 제자들에게 지상명령을 주시면서 주신 약속과 같습니다. "볼지어다 내가 세상 끝날 까지 너희와 항상 함께 있으리라 하시니라." 사실 우리의 힘만으로는 아무것도 못합니다. 하나님께서 하셔야 할 수 있고, 성령으로 능력을 주셔야 우리는 하나님이 맡겨주신 일을 할 수가 있습니다.

(2) 증거를 주시는 하나님

"이 산(호렙 산, 시온 산)에서 하나님을 섬기리니 이것이 내가 너를 보낸 증거니라." 하나님은 반드시 증거를 주십니다. 오늘 우리에게도 증거를 주십니다. 내적으로는 성령을 주셔서 하나님을 믿게 하고, 외적으로는 여러 가지 이적을 통해서 증거를 삼게 하십니다.

일어나 네 자리를 들고 걸어가라

(요5:1-9)

본문(요5:1-9)은 예수님의 세 번째 표적인 38년 된 중풍으로 움직이지도 못하는 병자를 고치신 사건에 대한 내용입니다.

1. 베데스다 못의 영적인 의미

'벧'이란 말은 집이란 뜻이고, '스다'란 말은 은혜, 자비란 뜻입니다. 다시 말하면 베데스다는 '은혜를 받는 집'을 말합니다. 이런 뜻에서 교회는 현대적 의미의 베데스다입니다. 그러나 오늘의 상황은 반드시 그런 것만은 아닙니다. 교회가 때때로 은혜의 집이 되지 못하는 것은 설교가 생명력이 없기 때문입니다. 또 설교를 듣는 성도들 편에서는 듣기를 원하는 것만 듣지 말씀을 전체적으로 듣지 않고 있습니다. 영적인 편식이 심하기 때문입니다. 게다가 기도가 없기 때문입니다. 마지막으로 사랑이 없기 때문입니다.

2. 왜 은혜의 교회에서 은혜를 받지 못하는가?

(1) 스스로 병자 같은 존재이기 때문입니다.

우리가 스스로 나올 수 없는 38년 된 병자와 같은 존재들이기 때문입니다. 38년 된 환자는 낫기 위해 모든 유명한 의사를 다 만나 보았을 것이고, 모든 좋은 약들을 다 써 보았을 것입니다. 그러나 고치지 못했습니다. 그러나 절망해서는 안 됩니다. 소망을 가져야 합니다. 왜냐하면 하나님은 포기한 것이 아니기 때문입니다.

(2) 간절한 마음이 없기 때문입니다.

6절에 "네가 낫고자 하느냐"고 하셨습니다. 이것은 낫고 싶은 마음을 가지게 하려는 일종의 암시이기도 합니다. 주님은 병자들을 고칠 때에 언제나 환자의 간절한 마음을 요구하셨습니다. 간절한 마음은 예수님의 능력을 힘입기 위한 첫째 조건입니다.

누가 은혜를 받습니까?

사슴이 시냇물을 찾으려는 갈급함 같은 간절함이 있어야 합니다. 야곱이 그렇게 많은 죄에도 불구하고 하나님 앞에서 큰 은혜를 받은 것은 그가 하나님으로부터 축복받지 않으면 놓을 수 없다는 간절함이 있었기 때문입니다.

(3) 베데스다 못에 넣어 줄 사람이 없기 때문입니다.

38년 된 불치의 병에 걸린 환자는 물이 동할 때에 넣어주고, 도와줄 사람을 필요로 했습니다. 마가복음 2:3-5절에 보면 중풍병자에게는 그를 예수님께로 데리고 올 네 명의 친구가 있었기 때문에 고침을 받았습니다. 이렇게 자기 힘으로 교회에 나올 수 없는 38년된 병자와 같은 사람들이 우리 주변에 참 많습니다. 그들을 교회로 인도해야 합니다.

3. 신유의 은사가 나타날 때를 기다릴 줄 아는 인내가 필요합니다.

베데스다 못 가에서 물이 동하여 신유의 은사가 나타날 때를 기다릴 줄 아는 인내가 필요합니다.

본문에 보면 천사가 내려올 때, 못의 동함을 기다리는 또 다른 많은 환자들이 기다리고 있었습니다. 사실 세상에는 온통 괴로워하고 불쌍한 환자들로 가득 차 있습니다. 종류는 다르지만 다 병이 있는 사람들입니다. 그런데 참으로 은혜받기를 원하는 사람들은 기다려야 합니다.

사탄의 유혹은 낙심하게 만들고, 의심하게 만들고, 절망하게 만들고, 오늘 할 일을 내일로 미루게 만들면서 스스로 포기하게 만듭니다. 그러므로 우리는 사탄의 유혹을 조심해야 합니다.

4. 먼저 일어나야 합니다

주님은 일어날 수 없는 환자를 향해서 일어나라고 명령하셨습니다. 어떻게 보면 너무 잔인한 말씀 같습니다. 그러나 주님의 말씀은 빛이 있으라 하매 있게 했던 그 창조의 말씀이요 치유의 말씀입니다. 그러므로 일어나라는 말씀은 믿음으로 순종하기만 하면 역사가 나타나는 말씀입니다. 왜 주님은 38년 된 환자에게 일어나라고 했을까요?

일해야 할 새벽이 되었기 때문입니다. 봉사해야 할 때가 왔기 때문입니다. 왜 주님은 일어나라고 했을까요? 낙심 속에 있기 때문에 소망을 불러일으키려 일어나라고 하신 것입니다. 낮이 되었는데도 누워 있는 것이 불쌍해서 일어나라고 하신 것입니다

우리는 자기 자리를 들고 일어나야 합니다. 더 이상 남의 신세를 지지 말고, 자립하라는 뜻입니다. 받기만 하는 삶에서 주는 삶으로 방향을 바꾸라는 뜻입니다. 말씀만 의지하고 걸으라는 뜻입니다.

5. 우리는 걸어가야 합니다.

사람들 중에는 계속 업혀 다니려고 하는 이들이 많이 있습니다. 그러나 우리는 스스로 일어나서 자기 자리를 들고 걸어가야 합니다. 잔인하고 무정하게 보일지 몰라도 그것이 자립하도록 돕는 것입니다. 주님의 말씀을 듣고 그대로 실천하여 행해야 합니다. 주님의 말씀은 능력의 말씀이어서 그대로 믿고 실천하는 사람에게는 일어나는 기적이 나타나는 것입니다. 주님이 명령하실 때는 반드시 능력도 동시에 주시는 것입니다. "내게 능력주시는 자 안에서 내가 모든 것을 할 수 있느니라". 아멘.

누구든지 목마르거든

(요7:37-52)

본문은 주님께서 초막절(수장절)에 하신 말씀입니다. 초막절은 대개 10월 15일경이 됩니다. 초막절은 마지막 날, 즉 큰 날이 가장 중요합니다. 초막절은 이스라엘 백성들이 광야생활을 할 때 집도 없이 초막 속에서 살았던 과거의 역사를 기념하기 위한 절기입니다.

이 날에는 제사장이 실로암 연못에 가서 물을 떠다가 성전의 제단에 가서 붓는 예식을 거행하기도 합니다. 이때에 시편 113-118편의 말씀을 읽기도 합니다. 이 절기에서 가장 중요한 것은 하나님께 물을 주신 것을 감사하고, 비를 주신 것을 감사하고, 특별히 광야 40년간 하나님께서 반석을 쳐서 물을 주신 것을 감사하는 절기이기도 합니다.

1. 우리는 목마른 인생입니다.

(1) 육적 갈등이 있습니다.

첫째 인생은 육을 가진 존재이기에 배고프면 먹는데 대한 갈증이 있고, 젊은 시절에는 성적인 갈등이 있습니다. 이것을 다른 말로 표현하면 쾌락에 대한 갈증입니다. 그러나 쾌락이 바닷물을 마시는 것 같아서 마실수록 더 목말라 옵니다. 그래서 솔로몬은 전도서 1:2절에 "헛되고 헛되며 헛되고 헛되니 모든 것이 헛되도다"고 했습니다.

둘째 인생은 부귀에 목말라 합니다. 아일랜드의 작가인 오스카 와일드는 세상에서 두 가지의 비극이 있다고 했습니다. 원하는 것을 이루는 것이 비극이고 또한 원하는 것을 이루어도 비극이라고 했습니다. 원하는 것을 다 이루어도 인간은 만족이 없기 때문입니다.

(2) 영혼의 갈증도 있습니다.

영혼은 인간이 범죄한 후에 두 가지 면에서 분열이 되어 마치 혼과 영이 서로 다른 것처럼 되어 있으나 그 뿌리는 하나입니다. 그러나 현상적으로는 서로 다르게 나타납니다. 이것을 혼적인 갈증과 영적인 갈증이라고 합니다.

(1) 혼적인 갈증도 있습니다.

먼저 지적인 갈증이 있습니다. 알고 싶은 욕망은 인간만이 가지고 있는 갈증입니다. 다음은 문화를 창조하고 싶은 갈증이 있습니다. 마지막으로 행복과 안식에 대한 갈증이 있습니다.

(2) 영적인 갈증이 있습니다.

먼저 하나님과 하나가 되고 싶은 영적인 갈증입니다. 구원에 대한 갈증입니다. 의에 주리고 목말라 합니다. 다시 말하면 하나님과의 관계를 바로 하고 싶은 갈증입니다. 그러나 문제는 하나님과 우리 사이를 죄가 갈라놓고 있습니다. 그러므로 하나님의 용서 없이는 해결이 안 됩니다. 여기에 주님의 십자가의 보혈과 부활의 능력이 필요합니다.

2. 왜 인생은 목말라 하는가?

요 4:14절에 "내가 주는 물을 먹는 자는 영원히 목마르지 아니하고"라고 했습니다. 문제는 주님이 주시는 생수를 마시지 않기 때문입니다. 주님이 주시는 생수는 무엇입니까?

첫째는 주님이 주시는 말씀이요

둘째는 주님 자신이요,

셋째는 주님이 주시는 성령이십니다. 다시 말하면 성령 충만해야 시
   원합니다.

3. 어떻게 이 목마름을 해결할 수 있는가?

본문은 세 가지의 말씀을 말하고 있습니다.

첫째는 주님이 생명의 근원이라는 것입니다.

둘째는 주님이 풍성한 삶의 근원이 된다는 것입니다.

   요 10:10절에 '내가 온 것은 양으로 생명을 얻게 하고, 더 풍
   성히 얻게 하려는 것이라'고 했습니다.

셋째는 주님이 성령의 근원이라는 것입니다.

   "나를 믿는 자는 배에서 생수의 강이 흘러내리리라"라고 했습
   니다.

4. 목마르지 않는 비결이 무엇일까?

(1) 먼저 주님의 초청에 응해야 합니다.

놀라운 것은 주님은 누구든지 초청하십니다. 본문에는 주님은 우리
한 사람 한 사람을 초청하였고, 게다가 약속까지 하였습니다. 주님의
약속은 진실된 약속이요 반드시 이루어지는 약속입니다. 그 약속의 내
용은 무엇입니까? 배에서 생수의 강이 흘러 내리리라였습니다.

(2) 다음은 주님께로 와야 합니다.

이 말은 주님을 신뢰한다, 내 자신을 내어맡긴다는 뜻입니다.

(3) 가장 중요한 것은 온 뒤에 마셔야 합니다.

마신다는 말은 물처럼 주님을 내 안에 모신다는 뜻입니다. 우리의 일

부가 되게 한다는 뜻입니다. 그의 말씀을 먹어야 합니다.

(4) 다음은 주님을 믿어야 생수를 마실 수 있습니다

이상의 것을 한마디로 요약하면 오직 주님을 믿어야 생수를 마실 수 있습니다. 38절에 "나를 믿는 자는 성경에 이름과 같이 그 배에서 생수의 강이 흘러나리라." 주님을 통해서 생수의 강이 흘러내린다는 말입니다. 문제는 예수님을 믿지 않기 때문에 목마른 것입니다. 흘러나리라는 말은 충만해진다는 것입니다. 말씀 충만, 은혜 충만, 성령의 충만을 의미합니다. 그러면 영적인 갈증과 육적인 갈증도 해소될 수가 있습니다.

때가 아직 이르지 아니하였음이러라

(요7:25-36)

1. 세 가지 질문

본문을 보면 예루살렘에 있는 사람들이 세 가지의 질문을 하였습니다.

첫 질문은 25절에, 둘째 질문은 26절에, 셋째 질문은 31절에 나옵니다. 25절에서 "이는 저희가 죽이고자 하는 그 사람이 아니냐?" 대답은 '예 그렇습니다'입니다. 26절에서는 당국자들은 이 사람을 참으로 그리스도인 줄 알았는가? 대답은 '아니오'입니다. 31절의 마지막 질문은 "그리스도께서 오실지라도 그 행하실 표적이 이 사람의 행한 것보다 더 많으랴?" '아니오'입니다.

2. 질문 속에서 우리가 깨달아야 할 것은 무엇인가?

오늘 이 질문 속에서 우리가 깨달아야 할 것은 예수님은 우리의 구주시오, 메시야라는 말씀입니다. 문제는 우리가 그 주님을 믿는가입니다.

그러면 예수님이 우리의 구주시고 메시아라는 이 말씀의 뜻은 무엇입니까?

(1) 율법을 완전케 하기 위해 오신 주님이십니다.

주님은 인간이 지킬 수 없는 율법을 완전케 하기 위해서 이 땅에 오셨다는 것입니다(마5:17).

인간을 억압하는 것이 세 가지가 있는데 첫째는 율법이요, 둘째는 죄악이요, 셋째는 죽음입니다. 주님은 이 원수들로부터 우리를 자유롭게 하여주셨습니다.

(2) 주님은 하나님의 아들이십니다.

시몬 베드로가 마 16:16절에 "주는 그리스도시요 살아계신 하나님의 아들이십니다."하고 고백한 대로 인간은 본래 창조하셨을 때에 생령으로 창조하셨기 때문에 하나님과의 만남과 하나님과의 교제 없이는 인간은 완전해질 수가 없고, 참 행복을 누릴 수가 없습니다. 그런데 아담이 원죄를 지은 후부터 인간은 하나님으로부터 소외되었고, 그 결과 외로움과 무의미함과 불행으로 꽉 차 있어 왔습니다. 그러나 하나님의 아들 되신 예수님을 통해서 하나님과 화해가 이루어지고, 모든 문제들이 해결되게 된 것입니다.

(3) 예수님이 오심으로 근본적인 변화가 일어나게 되었습니다.

로마의 원형극장에서 사형수들끼리 혈투하던 것이 없어지고, 노예들의 몸에 주인의 인을 새기는 것이 없어지게 되었습니다. 사회적인 양심이 생겼기 때문입니다.

(4) 주님은 우리들에게 참 자유를 가져왔습니다.

인간은 죄의 종이었으나 주님께서 다 이루심으로 죄에서 해방되고, 사탄에게서 해방되게 된 것입니다. 그래서 영혼의 참 자유를 느끼게 되었던 것입니다. 왜냐하면 예수님은 참 해방자이시기 때문입니다.

(5) 주님을 통해 심령의 치유가 이루어집니다,

가장 중요한 것은 주님을 통해서 우리의 모든 심령의 치유가 이루어진 것입니다.

인간이 범죄할 때 결정적인 문제는 심령들이 상하게 되었고, 더러워

졌다는 점입니다. 병들게 된 것입니다. 그것이 주님이 오심으로 고침을 받게 되었습니다. 그러므로 우리의 영적인 질병은 주님께로 우리들이 가야 문제가 해결됩니다.

3. 때를 분별하는 지혜

본문 30절에 "저희가 예수를 잡고자 하나 손을 대는 자가 없으니 이는 그의 때가 아직 이르지 아니하였음이라"고 했습니다. 물론 여기서 말하는 때는 바로 십자가의 때를 말합니다. 다시 말하면 구원의 때를 말합니다.

오늘 본문에 사람들이 예수님을 잡고자 하였지만 아직 하나님의 때가 오지 않았습니다. 그래서 예수님에게 손을 댈 수가 없었다고 했습니다. 우리의 생사는 바로 하나님의 손 안에 있습니다. 심지어 참새 한 마리도 하나님의 허락 없이는 떨어지지 않습니다. 우리는 머리카락까지도 하나님의 세신 바 되었기에 아무도 하나님의 허락 없이는 우리에게 손을 댈 수가 없습니다.

하나님의 때 가운데 두 가지를 말씀드리려고 합니다. 하나님의 때, 그것은 이미 와있어도 아직입니다. 하나님의 나라는 이미 왔지만 그러나 완성은 아직 이루어지지 않았다는 양면성을 잘 이해해야 합니다. 우리가 지금 살고 있는 시대는 이미(Already) 와 아직(Not Yet)의 중간입니다. 하나님의 심판도 주님이 이 땅에 오심으로 이미 시작하였으나 아직 완성이 된 것은 아닙니다.

따라서 가장 중요한 시간은 바로 지금이라는 시점입니다. 그래서 성경은 "보라 지금은 은혜 받을만한 때요 보라 지금은 구원의 날이로다"(고후6:2). "너희는 여호와를 만날 만한 때에 찾으라, 가까이 계실 때에 그를 부르라"(사55:6).

4. 지금을 지혜롭게 사는 비결은?

(1) 위로는 하나님을 영화롭게 하는 것입니다.

하나님을 영화롭게 한다는 것은 하나님이 마땅히 받으실 만한 존귀와 영광과 감사를 받는 것을 말합니다. 하나님을 우리의 창조주로 믿고 그를 의지하는 것을 말합니다.

(2) 아래로는 어버이에게 순종해야 합니다.

부모는 하나님을 대신해서 우리의 생명을 이 땅에 태어나게 하셨고, 우리를 길러주셨고, 우리를 교육하여 주셨습니다. 이 세상에 어느 것도 부모의 사랑을 대신할 수는 없습니다.

어떻게 하는 것이 효도인가?

첫째 부모를 사랑하는 것입니다. 사랑이란 관심을 가지는 것이고, 존중히 여기는 것이고, 주는 것입니다.

둘째 부모에게 순종하는 것입니다. 그러나 그것은 주안에서 순종하는 것입니다.

셋째 부모의 훈계를 듣는 것입니다. 물론 틀리는 것도 있을 것입니다. 그러나 엄마는 무식하게 아무것도 모르면서 뭘 그래 하고 말해서는 안 됩니다.

넷째 부모를 기쁘게 해드리는 것입니다. 가장 기쁘게 해드리는 것은 만나는 것입니다. 대화하는 것입니다, 만들어주시는 음식을 먹어주는 것입니다. 얼마나 쉽습니까?

다섯째 부모가 늙었을 때에 봉양하는 것입니다. 혹 병이 들지 않았는지, 외롭지는 않은지 가끔 문안하는 것이 봉양하는 것입니다. 바라기는 우리 모두가 때를 알고 분별하는 자들이 다 되시기를 축원합니다.

하나님의 뜻을 행하려 하면

(요7:10-24)

예수님께서 이 땅에 오셨을 때에 유대인들 사이에는 두 가지 문제가 제기되었습니다. 첫째는 예수, 그는 누구인가? 둘째는 그의 말하는 교훈이 어디서 왔는가? 다른 말로 하면 그것이 진리인가, 믿을 수 있는가였습니다.

1. 예수님의 가르침에 대한 유대인들의 질문과 예수님의 대답.

본문에 보면 예수님은 그의 교훈이 사람에게서 유래한 것이 아니고 그를 보내신 하나님에게서 유래했다고 했습니다. 16절에 "내 교훈은 내 것이 아니요 나를 보내신 이의 것이니라."

당시 유대인들은 예수님이 학교에서 배운 적이 없는데도 그의 유식함에 놀라서 물었습니다. "이 사람은 배우지 아니하였거늘 어떻게 글을 아느냐"(15절). 이런 불신은 예수님의 가르침이 당시 랍비들의 방법과 너무도 대조가 되고 다르기 때문 이었습니다.

당시의 랍비들은 오늘날의 학자들의 논문처럼 다른 랍비들의 말을 많이 인용하는 것이 일반적인 방법이었습니다. 그래서 자신의 말을 다른 랍비들의 권위에 의지하는 방법을 사용하였습니다. 그러나 예수님은 구약의 성경 외에 소위 랍비들의 말이나 다른 어떤 권위에도 호소하지 않았습니다. 그런데도 많은 사람들에게 권위 있게 들려졌고, 따르는 사람들이 많았습니다.

2. 하나님의 생각과 사람의 생각의 차이점

이사야 55:8절에 "내 생각은 너희 생각과 다르며, 내 길은 너희 길과 다르다"고 하나님께서는 말씀하셨습니다.

그러면 예수님의 생각과 사람들의 생각이 어떻게 다릅니까?

첫째로 우리는 부분적으로 보지만 예수님은 전체를 봅니다.

왜냐하면 우리는 현재만 보지만 예수님은 과거, 현재, 미래를 통틀어서 보기 때문입니다.

둘째로 우리는 우리의 영광만을 구하는 관점에서 보지만 예수님은 그를 이 땅에 보내신 하나님의 영광을 구하는 관점에서 봅니다.

셋째로 하나님은 24절의 말씀대로 공의로 판단하시지만 사람들은 외모로 봅니다. 내적인 면을 전혀 보지 못하고, 외면만 보기 때문에 속이고 속습니다.

3. 행복과 성공의 비결인 하나님의 뜻은?

(1) 세 가지 계명이 있습니다.

하나님의 뜻은 '하라, 하지마라'는 두 가지 형태로 기록되어 있습니다. 그리고 말씀의 핵심은 관계에 있습니다. 어원적으로도 종교(religion)와 관계(relation)란 말은 같습니다. 그러므로 중요한 것은 위로는 하나님과의 관계, 아래로는 사람들과의 관계를 바로 가지는 것입니다. 마태복음 22:37-40절에 보면 네 마음을 다하고, 목숨을 다하고 뜻을 다하여 주 너의 하나님을 사랑하라 하셨으니 이것이 크고 첫째 되는 계명이요 둘째는 그와 같으니 네 이웃을 네 몸과 같이 사랑하라 하셨으니 이 두 계명이 온 율법과 선지자의 강령이니라".

다시 말하면 하나님과의 바른 관계는 사랑하는 데서 오고, 사람들, 즉 이웃과의 관계도 내 몸처럼 사랑하는 데서 온다는 것입니다.

　우리는 다 성공하기를 원하고, 행복하기를 원하는데 그 비결은 바로 바른 관계를 가지는 것이고, 그것은 성경의 핵심인 사랑입니다.

　성경은 무엇이든지 남에게 대접을 받고자 하는 대로 너희도 남을 대접하라 하심은 바로 나의 권리주장만 앞세우지 말고, 상대방이 원하는 것을 내가 먼저 실천하므로 그리스도의 향기를 날리는 생활을 하라는 것입니다.

은혜와 진리가 충만하더라

(요1:14-18)

1. 말씀이 육신이 되어

먼저 본문 가운데 가장 중요한 말씀은 14절에 "말씀이 육신이 되어 우리 가운데 거하시며"란 말입니다. 여기서 거하시며라는 말은 다른 말로 하면 성막이란 뜻입니다. 이 단어와 동의어가 바로 '쉐키나'라는 구름인데 그것은 하나님이 임재하실 때 나타나는 영광의 구름을 말합니다. 다시 말하면 말씀이 되신 예수님께서 도성 인신하셔서 성막을 치듯이 우리와 함께 거하셨다는 말입니다.

우리는 구약시대에 왜 하나님께서 성막을 만들게 하셔서 하나님께 예배를 드리게 하였는가를 알아야 합니다. 사실 구약시대에 가장 중요한 것은 바로 성막이었기 때문입니다. 그것은 이스라엘 백성들과 직접 만나기 위해서입니다. 그래서 성막을 회막이라고도 불렀습니다. 그러므로 말씀되신 예수님께서 도성인신하셔서 우리 가운데 성막을 치고 함께 계셨다는 것은 주님의 역사를 이해하는데 또 요한복음을 이해하는데 중요한 내용이 됩니다.

구약시대에 가장 중요한 것은 성막과 율법이었습니다. 이것은 신약시대에도 마찬가지입니다. 교회는 지금도 아주 중요합니다. 이 성막 안에는 크게 지성소와 성소가 있습니다. 그리고 지성소 안에는 언약궤와 금향단과 떡 상과 금 촛대가 있습니다. 이것이 오늘날에는 교회의 핵심이 되어야 합니다.

성막은 영적으로 6가지의 뜻이 있습니다.

첫째로 이스라엘의 진영 중심부에 있었습니다.

다시 말하면 우리의 마음이나 가정이나 직장이나 중심부에 하나
님이 반드시 계셔야 한다는 말입니다. 내가 중심이 되면 안 됩니
다. 하나님이 중심이 되어야 합니다.

둘째로 성막에는 모세의 율법이 간직되어 있었습니다.

언약궤가 있고 그 안에는 모세가 시내산에서 받은 십계명의 돌
비 두 개가 있었습니다. 바로 말씀을 간직하고 있었던 것입니다.
따라서 교회에는 항상 말씀이 충만해야 합니다. 교회는 말씀이
중심을 이루어야 합니다.

셋째로 성막은 하나님이 거하시는 장소입니다.

언약궤 혹은 법궤가 있었던 것은 바로 하나님의 임재의 표시입니
다. 다시 말하면 교회는 하나님이 거하시는 장소입니다. 그러나
신약시대에는 건물과 장소보다는 우리의 심령 속에 거하시를 기
뻐하십니다. 그래서 우리는 성령의 전이 되어야 합니다.

넷째로 성막에서는 하나님과 사람이, 또 제사장과 성도들이 만나는
장소였습니다. 그래서 회막이라고 불렀습니다. 이것은 교회가 교
제가 있어야 한다는 뜻입니다. 예배만으로 부족합니다. 하나님과
의 교제, 성도들끼리의 교제가 있어야 살아있는 교회가 됩니다.

다섯째로 성막에는 제단이 있어서 하나님께 제사를 지내는 곳입니다.
하나님이 기뻐하시는 제사는 아벨처럼 드리는 믿음의 제사요, 피
의 제사입니다. 이것은 용서함이 있는 교회만이 참 교회라는 뜻
입니다. 십자가를 통한 용서만이 참 용서입니다. 우리들 가운데
도 용서가 있어야 합니다.

여섯째로 성막에는 금 촛대가 항상 켜져 있었는데 이것은 바로 기도
의 불을 의미합니다. 교회와 성소는 항상 기도의 열심이 있어야
합니다.

2. 독생자의 영광

다음으로 중요한 말은 "우리가 그 영광을 보니 아버지의 독생자의 영
광이요"라는 말입니다. 여기서 무엇을 보느냐가 중요합니다. 우리들은
오직 여호와만을 봐야 합니다. 그래서 골 3:1절에 "위엣 것을 찾으라"고
했습니다. 마 6:33절에 "너희는 먼저 그의 나라와 그의 의를 구하라"고
했습니다.

그런데 본문 18절에 보면 "본래 하나님을 본 사람이 없으되 아버지
품속에 있는 독생하신 하나님이 나타내셨느니라"고 했습니다. 다시 말
하면 예수님을 보아야 하나님을 볼 수 있습니다. 예수님은 누구십니까?
태초부터 계신 말씀이라고 했습니다. 이 말씀이 육신이 되었습니다.

3. 은혜와 진리 충만

14절에 "은혜와 진리가 충만하더라"고 했는데 이것은 하나님의 2대
성품을 말씀한 것입니다. 성경에 보면 예수님은 이 은혜와 진리가 충만
했습니다.

무엇이 은혜입니까?

전혀 자격이 없는데 주는 선물을 은혜라고 합니다. 은혜란 본래 호감
이란 말입니다. 매력이란 뜻입니다. 그런데 하나님은 우리들에게 아무
이유 없이 마치 부모가 자식에게 그저 호감을 가지듯이 호감을 가지고
계십니다.

다음으로 진리는 무엇입니까?

성경이 말하는 진리는 바로 예수님이십니다. '내가 곧 길이요 진리요

생명이니' 라고 했습니다. 왜 우리에게 진리가 필요합니까? 진리는 우리의 삶의 의미를 가져다주기 때문입니다. 또 진리는 우리를 자유롭게 해주기 때문입니다. 그러므로 우리는 은혜와 진리 두 가지가 다 있어야 합니다. 은혜만 있고 진리가 없으면 뼈 없는 동물 같고, 진리는 있고 은혜가 없으면 냉혈 동물같이 찹니다.

4. 우리가 은혜와 진리가 충만키 위해서는 어떻게 해야 하는가?

(1) 충만한 데서 받아야 우리도 충만해집니다.

은혜와 진리는 말씀을 통해서 옵니다. 말씀이 있는 교회에 가야 하는 이유는 바로 거기에 있습니다.

(2) 은혜와 진리가 어디서 오는가를 알아야 합니다.

17절에 "율법은 모세로 말미암아 주신 것이요, 은혜와 진리는 예수 그리스도로 말미암아 온 것이라." 그러므로 모세를 따라가면 안 됩니다. 예수님을 따라 가야 합니다. 예수님은 성경이란 말씀 속에서 우리가 만날 수 있기 때문에 우물을 파듯이 말씀을 파고 말씀을 배워야 합니다. 바라기는 우리 모두가 은혜와 진리가 충만한 사람이 될 수 있기를 축원합니다.

감사는 기적을 일으킨다

(출12:1-14)

1. 우리는 왜 감사해야 하는가?

(1) 하나님이 우리를 구원해 주셨기 때문입니다.

구약에서는 출애굽 사건을 구원의 역사로 말씀하고 있습니다. 사실 구약에서 가장 큰 구원의 사건은 바로 이 출애굽 사건입니다. 신약의 십자가 사건의 모형이요, 그림자요, 예표입니다. 놀라운 것은 민수기 11:4절을 보면 출애굽 당시 강제 노동에 시달리던 이방인들의 일부도 함께 출애굽에 참여한 것을 볼 수 있습니다. 그래서 사도행전에 보면 "주 예수를 믿으라. 그리하면 너와 네 집이 구원을 얻으리라"고 했습니다. 구원의 하나님과의 언약에 기초하기 때문에 가족과 그에게 속한 모든 사람들에게 임하는 것입니다.

(2) 감사가 바로 하나님의 뜻이기 때문입니다.

"범사에 감사하라. 이는 그리스도 예수 안에서 너희를 향하신 하나님의 뜻이니라"고 했기 때문입니다. 그래서 우리들은 받았기 때문에 감사하기도 하지만 심지어 역경과 환란 속에서도 감사해야 합니다.

(3) 그리스도 안에서 우리들에게 이김을 주시기 때문입니다.

고후 2:14절에 "우리 주 예수 그리스도로 말미암아 우리에게 이김을 주시는 하나님께 감사하노니." 죽음에 대해서 이기게 하시고, 세상에 대해서 이기게 하시고, 자신을 이기게 하신 것을 감사하는 것입니다.

(4) 자비로 베푸시는 하나님이시기 때문입니다.

하나님은 자비하셔서 우리에게 너무도 많은 것을 주셨고, 또 앞으로 더 많은 것을 주실 것을 믿기 때문입니다. 은혜를 주시고, 죄를 용서하여 주셨고, 양식을 주시고, 은사를 주시고, 자녀를 주시고, 직업을 주시고, 심지어 병을 고쳐 주시고….

2. 감사란 무엇입니까?

감사란 무엇인가? 감사란 생각하는 데서 시작합니다. 하나님께서 내게 주신 것이 무엇인가? 어떻게 하나님은 나를 인도하고 계시는가? 죽을 수밖에 없는 나를 구원하신 것은 무엇 때문인가? 하면서 받은 복을 생각하고 또 앞으로 주실 것을 생각해 보는 것입니다.

그래서 하나님의 은혜를 깨닫고, 그의 사랑을 깨달아 보답할 마음이 생겨집니다. 이것이 바로 감사입니다. 이 감사는 최고의 미덕입니다.

그러나 감사는 여기서 끝나는 것이 아닙니다. 내게 베풀어준 것들을 생각하면서 그 고마움을 표현할 때 이것이 바로 감사입니다. 다시 말하면 표현이 없는 감사는 참 감사가 아닙니다. 감사는 먼저 입으로 표현하고, 다음은 행동으로 표현하고, 물질로 표현하고, 섬김으로 표현하는 것입니다.

3. 감사의 결과는 무엇입니까?

감사하면 기적이 일어납니다.

왜 감사하면 기적이 일어날까요? 그것은 감사는 생명을 충만케 해주는 묘약이기 때문입니다. 생명의 풍요로움을 느끼게 해주기 때문입니다. 감사는 우리들에게 마음의 여유를 주고, 축복을 받을 그릇을 만들어 주기 때문입니다.

성경에 보면 감사함으로 일어난 수많은 기적들이 있습니다.

(1) 요나의 감사

요나의 경우 큰 물고기 속에 들어갔을 때에 감사하므로 고기 뱃속에서 살아나는 기적을 체험했습니다.

(2) 하박국의 감사

하박국의 경우 포로로 잡혀갔다가 돌아오니 남은 것이 하나도 없었습니다. 무화가 나무가 무성치 못하며 포도나무에 열매가 없으며 감람나무에 소출이 없으며 밭에 식물이 없으며 우리에 양이 없으며 외양간에 소가 없었습니다. 그럼에도 불구하고, 하박국 선지자가 불평에서 변하여 감사했을 때 하나님은 그에게 사슴 발과 같이 높은 곳에 다니는 귀한 축복과 사명을 감당케 했습니다.

(3) 바울의 감사

옥중에 바울의 경우 두아디라에서 전도하여 귀신을 쫓아냈으나 점 치는 여자로 돈 벌던 사람이 고발하여 감옥에 들어갑니다. 그러나 바울이 감사하고 찬송할 때에 지진이 일어나면서 착고가 풀리고, 쇠고랑이 끊어지고 간수는 회개하고 옥문이 열리고, 법관들은 빌립보 교회를 시작하는 기적을 일으켰습니다.

4. 감사는 어떻게 해야 하는가?

(1) 하나님을 찬양하는 것이 감사입니다.

먼저 위에 계신 하나님을 찬양하면서 모든 것을 긍정적으로 생각하고 삽니다. 왜 긍정적으로 생각합니까? 그것은 하나님은 전능하신 분이시고 우리들을 사랑하시는 것을 믿기 때문입니다.

성경의 생활관은 철저한 긍정주의입니다. 그래서 고후 1:18절에 "하나님은 미쁘시니, 예 하고 아니라 함이 없노라"고 했습니다.

(2) 찬양과 기도하는 것이 감사입니다.

하나님께 대한 찬양과 기도를 쉬지 않습니다. 기도는 하나님과의 영적인 대화입니다. 사랑은 항상 대화를 요구합니다. 그것이 바로 사랑의 표현이기 때문입니다. 그러므로 쉬지 않고 기도합니다. 무엇이 찬양입니까? 곡조 있는 기도가 바로 찬양입니다. 이 찬양과 기도는 하나님께 대한 우리의 믿음을 나타내는 것입니다. 그래서 우리들은 항상 찬양과 기도를 쉬지 말아야 합니다.

(3) 섬기는 생활이 감사의 열매입니다.

남에게 주며 섬기는 삶을 살아갑니다. 누가복음에 보면 삭개오가 그랬습니다. 소유의 절반을 가난한 자에게 주겠다고 했습니다. 토색한 것이 있으면 사배로 갚겠다고 했습니다. 그때에 주님은 오늘 구원이 이 집에 이르렀다고 했습니다. 다음은 막달라 마리아가 그랬습니다. 죄인인 자신을 구원해 주신 주님께 감사의 표현으로 옥합을 깨뜨리고 향유를 부었을 때에 주님은 그녀에게 부활의 주님을 최초로 뵈올 수 있는 축복의 기적을 베풀어 주신 것입니다.

(4) 예물로 하나님께 감사하는 것이 참 감사입니다.

고후 9:11-12절에 보면 너그럽게 연보함은 저희는 우리로 말미암아 하나님께 감사하게 하는 것이라고 했습니다.

기독교는 감사의 종교입니다. 감사는 성도의 표징입니다. 문제는 우리의 은혜를 잊는 건망증이 우리로 하여금 감사를 잊게 하는 장애물이 되고 있습니다. 바라기는 감사가 회복되어 참으로 기쁨으로 살아가는 우리의 삶이되기를 축원합니다.

의의 병기로

(롬6:12-14절)

12절에 보면 '그러므로'라는 말로 시작합니다. 이것은 본문의 말씀이 11절의 결론이란 뜻입니다. 11절에 보면 우리는 죄에 대하여는 죽은 자요 하나님을 대하여는 산 자라고 했습니다. 그러므로 결론적으로 우리는 우리 자신을 의의 병기로 드려야 한다는 것입니다.

그래서 이 시간에는 '너희 지체를 의의 병기로 하나님께 드리라'는 제목으로 함께 은혜를 나누고 함께 기도하는 시간을 갖도록 하겠습니다.

1. 먼저 하지 말아야 할 것이 있습니다.

우리는 다 죄에 대하여는 죽은 자요 하나님께 대하여는 산 자이기 때문에 우리들이 먼저 하지 말아야 할 것이 있다고 했습니다.

(1) 죄가 우리의 왕이 되지 않도록 해야 합니다.

죄는 처음에는 친구처럼 가장 친절하게 우리를 대해줍니다. 죄를 지을 때 오는 이익이 많다고 유혹합니다. 돈을 벌게 해주겠다고 유혹하고, 또 우리들을 세상에서 출세하게 해준다고 거짓 약속을 합니다. 행복하게 만들어준다고 유혹합니다. 그러나 죄는 일단 지으면 폭군으로 변하여 우리들을 괴롭히고 마침내는 우리들을 지옥의 자식으로 만듭니다. 그러므로 죄가 우리를 지배하는 왕이 되지 않도록 해야 합니다.

(2) 우리가 몸의 사욕을 순종치 말아야 합니다.

몸은 사욕을 통해서 기쁨을 맛볼 수 있다고 사탄의 유혹을 그대로 전하고, 그 앞잡이 노릇을 합니다. 그러나 몸은 이성으로 누르고, 믿음으로 누르고 성령의 권능으로 눌러서 지배하지 않으면 곁길로 갑니다. 그러므로 우리는 몸의 사욕에 순종하면 안 됩니다.

(3) 우리 지체를 불의의 병기로 죄에게 드리지 말아야 합니다.

지체란 몸의 부분을 말합니다. 몸은 누가 사용하느냐에 따라 그 결과가 다릅니다. 몸을 불의의 병기로 사용하게 되면 거짓말하고, 사기 치고, 살인하고 간음합니다. 몸은 그 자신이 판단력이 없기 때문에 시키는 대로만 합니다. 머리가 음식을 먹으라 하면 먹고, 심지어 훔쳐라 하면 훔칩니다. 몸은 누가 주인이냐에 따라 변합니다. 그러므로 우리의 영혼이 우리의 몸을 지배해야 합니다. 가장 중요한 것은 주님이 우리의 몸을 지배해야 안전합니다.

2. 우리가 꼭 해야 할 것이 있습니다.

처음에는 부정적으로 하지 말아야 할 것을 말씀하고, 여기서는 긍정적으로 두 가지의 해야 할 것을 말씀합니다.

(1) 자신을 죽은 자 가운데서 다시 산 자같이 하나님께 드려야 합니다

하나님께 자신을 드려야 하나님의 손에 들려서 사용될 수가 있기 때문입니다.

(2) 우리의 지체를 의의 병기로 하나님께 드려야 합니다.

3. 우리 지체를 의의 병기로 하나님께 드리면 어떤 결과가 오는가?

(1) 죄가 우리를 주관하지 못합니다.

죄는 하나님과 우리 사이를 갈라놓고, 우리를 불행하게 살게 하고, 마침내는 지옥의 자식을 만드는 무서운 존재입니다.

이 죄가 더 이상 우리를 주관하지 못합니다. 완전한 자유인이 된 것입니다.

(2) 법아래 있지 않고 은혜 아래 있게 됩니다.

법아래 있는 사람은 항상 불안합니다. 법아래 있는 사람은 법에 의해 반드시 정죄를 받게 됩니다. 그러므로 법아래 있는 사람은 구원을 받을 수가 없습니다. 바울처럼 "오호라 나는 곤고한 사람이로다. 누가 나를 사망의 몸에서 건져내랴" 하고 고백할 수밖에 없습니다.

(3) 주님의 귀한 도구로 사용되어 역사에 남는 일을 하게 됩니다.

예수님의 제자들은 바울을 제외하고는 다 별 볼일 없는 사람들이었습니다. 그러나 세상이 감당할 수 없는 사람이 된 것은 주님의 손에 들려서 사용되었기 때문입니다. 그러므로 우리도 주님의 도구가 되어 남에게 복을 나누어주고 역사에 남는 사람들이 됩시다.

그리스도와 함께

(롬8:16-17)

이 세상에서 가장 행복하고 승리의 삶을 사는 사람은 바로 그리스도 와 함께하시는 사람입니다. 그러므로 금년 새해에는 모두가 그리스도와 함께하시기를 축원합니다. 직장도 그리스도와 함께, 가정도 그리스도와 함께, 교회 생활도 그리스도와 함께, 그래서 우리의 삶 전체가 다 그리 스도와 함께하기를 축원합니다. 그러면 왜 우리가 그리스도와 함께 해 야 합니까?

1. 성령이 우리가 하나님의 자녀인 것을 증거 해주기 때문입니다 (16절).

16절에 "성령이 친히 우리 영으로 더불어 우리가 하나님의 자녀인 것 을 증거 하시나니." 중요한 것은 성령께서 우리에게 하나님의 자녀라는 깨달음을 주시고, 확신을 심어주시는 것입니다. 우리는 확신이 있어야 합니다. 내가 하나님의 자녀라는 확신이 있어야 합니다. 이것이 없기 때문에 의심하고, 방황하고, 고민합니다. 그러므로 하나님의 자녀인 것 을 믿으시기 바랍니다. 왜냐하면 하나님은 성령으로 우리들을 인쳐주셨 습니다. '너는 내 것이다'하고 도장을 찍어주신 것입니다.

그러면 내가 하나님의 자녀인 것을 어떻게 아는가? 하나님의 자녀의 특징은 기도하는 것입니다. 많은 사람들이 기도하는 것을 쉬는데 이유 는 체험이 없기 때문입니다. 좀 더 정확하게 말하면 하나님의 자녀라는 확신이 없기 때문입니다. 그러므로 하나님의 자녀인 것을 믿으시기 바랍니다. 놀라운 것은 기도와 확신은 상관관계를 가집니다. 믿습니까? 기도를 많이 하면 하나님이 나의 아버지가 되신다는 사실을 의심하지 않습니다. 그러나 기도를 쉬는 순간, 영의 세계가 소원해집니다.

2. 성령은 우리가 하나님의 후사, 상속자인 것을 증명해주십니다(17절).

여러분들이 포드나 카네기나 아니면 최소한 한국의 현대 같은 대재벌의 회사의 상속자라고 상상을 해보시기 바랍니다. 흥분이 되어서 밤에 잠을 자지 못할 것입니다. 그런데 성경에는 우리들이 하나님의 상속자라고 말씀하고 있습니다. 할렐루야!

그러면 우리는 무엇을 상속받을 자입니까?

첫째는 구원을 상속받습니다.

둘째로 천국을 상속받습니다.

셋째로 아브라함에게 주신 축복의 근원이 되는 상속자입니다.

넷째로 하나님의 영광의 상속자가 됩니다.

다섯째로 주님의 의를 상속받습니다.

여섯째로 하나님의 은혜를 상속받습니다.

일곱째로 다 이루었다 하시는 주님의 승리를 상속받습니다. 우리들이 상속받는 것을 다 말씀드릴 수가 없을 지경입니다.

3. 그리스도와 함께 영광의 상속자인 것을 믿기 바랍니다.

그러나 여기에는 한 가지 조건이 있습니다. 영광은 반드시 고난을 동반한다는 사실입니다. "고난도 함께 받아야 될 것이니라". No cross, No crown(십자가 없이는 면류관도 없다)란 서양의 격언은 바로 성경에서 나온 것입니다.

그리스도와 함께 하는 영광은 천국과 이 땅의 기업을 함께 상속받는 영광입니다. 그리스도의 성품에 동참하는 후사가 됩니다. 그리스도와 함께 영광스러운 몸으로 부활하는 영광을 함께 누리게 됩니다. 또 주님과 함께 지위에 있어서 동참하는 영광이 있게 됩니다. 가장 중요한 것은 주님과 함께 세세토록 왕 노릇 하는 영광입니다.

그러므로 우리는 주님과 함께 하는 고난도 동참할 수 있기를 축원합니다. 왜냐하면 하나님의 모든 축복과 영광은 다 고난이란 보자기에 싸여서 주어지고 있기 때문입니다.

그러면 우리가 어떤 고난을 받습니까?

(1) 의롭게 살려고 할 때 주변 사람들로부터 비난을 받습니다.

혼자 잘났어. 아니 세상이 다 그렇고 그런 것 아니야. 그런데 저 사람은 혼자 의롭게 산대, 참 어리석은 사람이지 하고.

(2) 영과 육의 갈등에서 빚어지는 고난이 옵니다.

오호라 나는 곤고한 사람이로다. 사망의 몸에서 누가 나를 건져 내랴(롬7:24),

(3) 몸된 교회를 위해 기도하고 봉사할 때 오는 고난이 있습니다.

그러나 기억할 것이 있습니다. "장차 우리에게 나타날 영광과 족히 비교할 수 없도다." 믿습니까?

맺는 말

오늘 우리는 그리스도와 함께 할 때 두 가지가 함께 한다는 사실을 발견했습니다. 하나는 고난이요 다른 하나는 영광입니다. 그러나 그 고난은 영광과 비교할 때에 아무 것도 아니며 비교할 수 없다는 것도 보았습니다. 그러므로 금년에는 우리에게 고난이 다가와도 그리스도와 함께함으로 놀라운 영광을 소유할 수 있기를 축원합니다.

육신대로 살면

(롬8:12-15)

1. 우리는 다 빚진 자입니다(8:12).

빚진 자란 말은 지불할 의무가 있는 자라는 뜻입니다. 그러나 우리는 육신에 빚을 진자는 결코 아닙니다. 육신은 우리를 위해서 아무 것도 한 것이 없습니다. 오히려 육신은 죄로 인해서 우리를 더럽혔고, 육신의 일에 치우치게 하였고, 하나님과 원수가 되게 하였고, 우리를 죽게 만들었을 뿐입니다. 육신은 우리를 영원한 저주 아래 살게 했습니다.

그러므로 우리가 빚을 진 것은 성령에 빚을 진 것입니다. 영은 우리들을 육신에서 그리스도 안으로 주소를 옮겨주었고, 성령의 인도함을 받게 하였고, 율법과 죄와 사망에서 구원하여 주었습니다. 우리에게 참생명을 준 것도 바로 성령입니다. 그러므로 우리는 육신대로 살 것이 아니라 성령을 따라 살아야 합니다.

우리가 성령에게 빚을 졌다는 말은 성령의 은혜로 다시 영적으로 살아났고, 성령의 은혜로 하나님이 주시는 복을 누리며 살고 있기 때문입니다.

2. 우리가 육신대로 살면?(8:13)

13절에서는 육신대로 살아서는 안 될 이유를 설명해주고 있습니다. "죽을 것이로되" 인간은 세 번 죽습니다. 첫째는 영혼이 죽습니다. 하나님과 영혼이 단절되는 것을 말합니다. 다음은 육체가 죽습니다. 끝으로 육체와 영혼이 함께 하나님으로부터 영원히 단절됩니다. 지옥의 형벌을 받습니다. 여기서는 영적인 죽음과 영원한 죽음을 의미합니다.

육신대로 살면 영적으로 죽습니다. 지옥의 형벌을 받습니다. 어떤 분들은 교회의 직분이 무슨 천국 가는 보증수표라도 되는 줄로 착각하고 있습니다.

3. 영으로써 몸의 행실을 죽이면?

"살리니"

몸의 행실이란 악한 행실, 악한 용맹, 육신의 정욕과 안목의 정욕과 이생의 자랑을 뜻하는 것입니다. 이런 것들을 죽여야 합니다. 그래야 우리가 삽니다. 여기서, 죽인다는 말은 처형한다는 뜻입니다. 육신의 힘을 꺾어서 진압하고 파괴하여 복종케 하는 것을 말합니다. 그런데 이런 힘은 오직 성령을 통해서만 옵니다. 성령만이 육신을 복종시키는 힘이 있습니다. 사실 우리는 육신을 죽여야 영혼이 삽니다. 믿습니까?

4. 하나님의 영으로 인도함을 받는 자들은?

"곧 하나님의 아들이라"

하나님의 자녀들의 첫 번째 특징이 바로 하나님의 영으로 인도함을 받는 것입니다. 인도한다는 말은 우리의 길잡이가 되어주고, 가는 방향을 제시해주고, 목적지를 향해 이끌어준다는 뜻입니다. 우리를 옮겨준다는 말입니다. 할렐루야. 얼마나 감사합니까?

5. 종의 영과 양자의 영

종의 영은 무서워하는 영입니다. 종의 상태는 두려움이 특징입니다. 불안, 근심, 긴장, 공포, 걱정, 위험이 늘 따르기 때문입니다.

그러나 하나님의 자녀가 된 사람들은 이 종의 영을 받지 않았습니다.

종은 실직될까 걱정입니다. 질병에 걸릴까 걱정입니다. 실패할까 걱정
입니다. 인정받지 못할까 걱정입니다. 비난받을까 걱정입니다. 그러나
우리는 종의 영을 받지 않았습니다. 그런데도 두려움이 있습니까? 걱정
이 있습니까? 이 시간 근심, 걱정, 불안, 긴장을 다 버리시기를 바랍니
다.

  그리고 하나님이 주신 양자의 영으로

  (1) 하나님께 가까이 나아가고

  (2) 함께 동행 하며

  (3) 세상을 이기는 삶을 살아가기를 축원합니다.

모든 것이 합력하여 선을 이루느니라

(롬8:28-30)

1. 본문 28~29절에서는 세 가지 확신을 주고 있습니다.

첫째는 "우리가 알거니와 하나님을 사랑하는 자"(하나님께서는 그를 사랑
하는 자들을 위해서 모든 일을 하신다는 것). 하나님은 그를 사랑하는
자들을 위해 어떻게 일하십니까? 대답은 합력하여 선을 이루
십니다.

둘째는 "곧 그 뜻대로 부르심을 입은 자들에게는 모든 것이 합력하여
선을 이루느니라"(하나님께서는 신자들을 위하여 그의 목적으로 이루어
가신다는 것)

셋째는 29절, "하나님이 미리 아신 자들로 또한 그 아들의 형상을 본
받게 하기 위하여 미리 정하셨으니 이는 그로 많은 형제 중에
서 맏아들이 되게 하려 하심이니라"(하나님은 신자들의 영광을 작
정하여 두셨다는 것입니다).

2. 30절에서는 구원의 기본 틀이 나옵니다.

우리는 바로 이 네 가지의 기본 틀에서 우리 자신의 구원의 문제를
생각해 보아야 합니다.

(1) 미리 정하신 그들을(예정)

제일 먼저 오는 것이 바로 하나님의 예정입니다. 이 예정 교리는 장

로교의 기본 교리처럼 생각하고 있으나 사실은 성경에 기록된 것입니다. 롬 9:13절에 가장 잘 표현되어 있습니다. "기록된 바 내가 야곱은 사랑하고, 에서는 미워하였다 하심과 같으니라"고 했습니다.

(2) 또한 부르시고(소명)

소명에는 일반적 부르심이 있습니다. "수고하고 무거운 짐 진 자들아 다 내게로 오라, 내가 너희를 쉬게 하리라."

(3) 또한 의롭다 하시고(칭의)

믿음으로 말미암아 의롭다 하시는 것을 말합니다.

(4) 또한 영화롭게 하셨느니라(영화)

천국에서 우리 성도들에게 영광을 주시는 것입니다.

이제 우리는 제삼 단계인 칭의의 단계에 와 있습니다. 머지않아서 네 번째 마지막 단계인 영화의 단계에 이를 줄로 믿습니다. 또 나는 하나님의 예정 속에서 부르심을 받았다고 하는 확신을 가지시기 바랍니다.

하나님이 주신 자유

(롬7:1-6)

　오늘 본문의 말씀은 '율법으로부터의 자유'에 대해서 말씀하고 있습니다. 인간이 살아가는데 가장 중요한 것은 '자유'입니다. 지금 통계적으로 보면 세계 인구의 반 이상이 자유를 누리지 못하고 있습니다. 이것은 뉴욕에 있는 '자유의 집'(Freedom House)라는 기관에서 연구한 것인데 지금 66개국에 살고 있는 42%의 사람들이 자유가 없다는 것입니다. 그러나 성경적으로 보면 예수를 영접하지 못한 모든 사람들이 영적으로는 죄에 얽매여 살고 있는 사람들입니다. 로마서는 세 가지 종류의 자유를 말씀하고 있습니다. 첫째는 율법으로부터의 자유, 둘째는 죄악으로부터의 자유, 셋째는 죽음으로부터의 자유입니다. 우리는 이것을 구원이라고 말합니다. 그러므로 구원의 개념은 대단히 광범위합니다. 질병에서 자유롭게 되고, 죄에서 자유롭게 되고, 율법에서 자유롭게 되고, 죽음에서 자유롭게 되는 것이 구원입니다. 좀 더 적극적으로 말하면 풍성한 삶을 사는 것이 구원입니다. 이 풍성한 삶은 단순히 물질적으로 풍성한 삶이 아닙니다. 주님과 함께 하면서 천국 생활을 할 때에 누리는 축복을 말하는 것입니다. 그 중에서 오늘은 율법으로부터의 자유에 대해서 말씀하려고 합니다.

1. 본문에 보면 두 가지 종류의 결혼이 있습니다. 힘을 쓰지 못하고 완전히 자유 함을 얻습니다.

(1) 첫째는 율법과의 결혼입니다(1-3절).

사람이 살아있는 동안만 사람을 주관합니다. 죽은 뒤에는 율법은 무효가 됩니다. 살아있는 동안 율법은 범하는 모든 자들에게 정죄합니다. 그러나 죽으면 비로소 율법에서 자유함을 얻습니다. 둘째로 율법은 육신에 얽매어 사는 사람에게만 그 사람을 주관합니다. 그러나 그 사람이 죽으면 율법은 더 이상 그 사람을 주관하지 않습니다. 또 회개하고 주님께로 돌아와 성령 안에서 살면 율법은 더 이상 힘을 쓰지 못하고 완전히 자유함을 얻습니다.

(2) 둘째는 그리스도와의 결혼이 있다고 했습니다(4절).

우리는 주님께서 십자가에 못 박힘으로 율법에 대하여는 죽은 것입니다. 더 이상 우리들을 주관하지 못하게 되었습니다. 그래서 과거에 가지고 있던 죄책감과 수치는 떠나가고 말았습니다. 정죄와 형벌도 낙심과 절망도 다 떠나고 말았습니다. 참 자유자가 된 것입니다. 4절에는 두 가지 중요한 말씀이 나옵니다. 첫째로 "그리스도의 몸으로 말미암아 율법에 대하여 죽임을 당하였으니"라고 했습니다. 이 말씀은 십자가로 말미암아 우리도 죽었기 때문에 이제는 율법으로부터 자유 함을 얻게 되었다는 말씀입니다. 둘째로 "죽은 자 가운데서 살아나신 이에게 가서" 즉 율법과 결혼했던 우리들이 이제는 자유 함을 얻고, '다른 이' 즉 그리스도와의 재결혼을 통해서 이제 우리는 참 자유인이 되었고 많은 열매를 맺게 되었다는 말씀입니다. 할렐루야.

그러므로 우리는 더 이상 율법을 섬길 필요가 없습니다. 얽매일 필요가 없습니다. 오직 주님만 섬기면 됩니다.

2. 우리의 과거와 현재의 신분 차이는 무엇인가?

(1) 과거에는 율법에 얽매여 살았습니다.

죄의 정욕이 우리들을 주관했습니다. 그래서 사망을 위하여 열매를 맺었습니다. 그러나 지금은 전혀 다른 신분으로 변했습니다.

(2) 6절에 보면 '이제는' 이라고 선포합니다.

지금은(이제는) 과거와는 전혀 다르다는 것입니다. 지금 우리들에게 무엇보다도 중요한 것은 지금까지 우리를 얽매었던 율법에서 해방되어 참 자유 함을 얻게 되었다는 점입니다. 그러므로 지금은 우리의 삶의 철학이 변했습니다. 과거에는 의문의 묵은 것으로 했습니다. 그러나 지금은 영의 새로운 것으로 섬기게 된 것입니다. 할렐루야.

맺는 말

율법으로부터의 자유가 우리들에게 무슨 의미가 있습니까? 율법 안에서 사는 사람들은 항상 부정적 사고방식으로 삽니다. 그래서 기쁨이 없습니다. 감사는 추수 감사절에 형식적으로 끝나는 것이고 나와는 전혀 상관이 없습니다. 그러므로 율법 밑에서 사는 사람은 참 자유 함이 없습니다. 육신의 열매만 있을 뿐입니다.

그러나 이제는 그리스도와 결혼하고 연합하여 이제는 참 자유자가 된 것입니다. 무엇이 다릅니까? 이제는 모든 것을 긍정적으로 봅니다. 항상 기쁨 속에서 삽니다. 중요한 것은 참 자유 함이 있고, 열매 맺는 생활을 합니다. 그러므로 우리는 율법에 얽매여 살지 말고, 주안에서 참 자유 함을 누리며 열매 맺는 삶이 되시기를 축원합니다.

대인관계에서 성공하려면?

(롬12:17-21)

　인간은 '관계적 존재'입니다. 혼자 사는 존재가 결코 아닙니다. 그래서 하나님은 이 관계적 존재인 우리들에게 십계명을 주셨습니다. 십계명은 어떻게 하나님과의 관계를 바로 가질 수 있는가? 다음은 다른 사람들과의 관계는 어떻게 가지는 것이 성공적인 삶인가를 보여줍니다.

　오늘은 관계적 존재인 우리들이 어떤 대인관계를 가져야 할 것인가? 롬 12:17-21절의 말씀을 중심으로 대인관계에서 하나님이 원하는 자세에 대해서 말씀을 드리려고 합니다.

1. 먼저 보복을 하지 말라고 했습니다(17절).

　"아무에게도 악을 악으로 갚지 말고" 인간은 누구나 보복하고 싶은 충동이 있습니다. 그러나 우리는 충동에 좌우되어서는 안 됩니다. 우리는 믿음으로 사는 사람들이기 때문입니다.

　이런 부정적인 사고에서 벗어나 오히려 "모든 사람 앞에서 선한 일을 도모하라"고 했습니다. 도모한다는 말은 심사숙고한다는 뜻입니다. 여기서 모든 사람이란 말은 불신자와 신자, 타종교자들을 다 포함하는 말입니다.

2. 더불어 화평하라고 했습니다(18절).

　인간은 '더불어 사는 존재'입니다. 그러나 우리 한국 사람들은 더불어

사는 존재라는 인식을 잊고, 어떻게든지 일등만 하려고 합니다. 머리가
되라 꼬리가 되지 말라고 말합니다. 그래서 항상 경쟁만 일삼습니다.
그러나 우리들은 더불어 사는 존재입니다. 따라서 우리들에게 가장 소
중한 것은 화평입니다. 위로는 하나님과 화평하고, 아래로는 사람들과
화평해야 합니다. 무엇보다도 가족들끼리 화평해야 합니다. 교회 안에
서 화평해야 합니다.

주님은 산상설교에서 "화평케 하는 자는 복이 있나니 저희가 하나님
의 아들이라 일컬음을 받을 것임이요" 하면서 일곱 번째 축복을 말씀하
고 있습니다.

재미있는 단어는 '할 수 있거든'이란 말입니다. 왜 이 단어를 사용했
을까요? 화평은 언제나 가능한 것은 아니기 때문입니다. 이 세상은 평
화를 깨뜨리는 세상이기 때문입니다. '할 수 있다면'이란 뜻입니다.

3. 원수는 갚지 말고 하나님께 맡기라고 했습니다(19절).

저는 표현력이 부족해서 항상 오해를 많이 받습니다. 말을 하지 않으
니까 교만하다고 말하고, 말을 하면 오해를 하고 그래서 항상 원수가
많습니다. 그러나 저는 감사할 것이 있는데 단 한 번도 제가 원수를 갚
은 적이 없습니다. 그러나 언제나 하나님께 맡깁니다. 그런데 놀라운
것은 항상 하나님께서 원수를 갚아주십니다.

4. 원수가 주릴 때에 먹이라고 했습니다(20절).

이 구절은 대인관계에서 가장 어려운 문제를 다루고 있습니다. 원수
를 잊을 수는 있습니다. 그냥 지나갈 수도 있습니다. 그러나 적극적으
로 원수가 주릴 때에 먹이는 것은 쉽지 않습니다. 그러나 그렇게 하면
원수가 나의 신복이 되고 측근이 됩니다.

5. 악에게 지지 말고, 선으로 악을 이기라고 했습니다(21).

악에게 진다는 말은 상대방이 악으로 대할 때에 똑같이 악한 방법으로 대하는 것을 말합니다. 그러나 대응폭력은 끝없는 폭력을 낳습니다. 크리스천의 차이점은 선으로 악을 이기는 것입니다. 진정한 사랑만이 악인의 강퍅한 마음을 회개시킬 수가 있습니다.

오늘 우리는 우리 힘으로는 도저히 할 수 없는 화평의 방법을 살펴보았습니다. 결국 우리는 하나님께 기도할 방법밖에는 없습니다. 왜냐하면 우리의 힘으로는 불가능하기 때문입니다. 오직 예수님의 사랑만이 악을 이길 수 있는 힘이 됩니다. 그러므로 이 저녁에는 하나님께 기도하여 선으로 악을 이기는 주님의 방법을 배우게 하고, 터득하게 해달라고 기도합시다.

인내하는 자의 복

(약5:7-11)

저를 비롯해서 우리 민족의 가장 큰 약점은 참지 못하는 것입니다. 모든 일에 서두릅니다. 참지를 못해서 이혼하고, 참지를 못해서 포기하고, 참지를 못해서 싸우고, 참지를 못해서 살인도 합니다. 왜 그럴까요? 그것은 우리의 나라가 너무 작기 때문에 양재기같이 빨리 끓고, 빨리 식기 때문입니다.

중국 사람들이 가지는 그 대국적 인내가 부족합니다. 미국 사람들의 일하는 것을 보면 일 년 전에 계획을 세워서 아주 천천히 일을 진행합니다. 우리처럼 '후닥닥'하면서 해치우지 않습니다. 우리는 모든 것을 서두르는 버릇이 있습니다. 심지어 식당에서 음식을 먹으면서 즐길 때에도 '빨리빨리' 합니다. 그런 우리들에게 본문은 교훈을 주시는 것입니다.

1. 왜 우리는 인내해야 합니까?

(1) 정확하게 천천히 인내하라.

가장 중요한 것은 '하나님의 물래 방아는 돌지만 아주 천천히 곱게 빻기 때문입니다.' 아브라함에게 복을 주실 때도 아들은 25년 만에 주시고, 땅은 430년 만에 주시고, 메시아는 2000년이 지난 후에 주셨습니다. 그렇기 때문에 하나님의 약속은 한 치도 틀림없이 이루어지지만 그러나 우리가 생각하듯이 금방 오는 것이 아닙니다. 아주 천천히 옵니다.

그래서 우리는 참고 인내해야 합니다.

(2) 말세의 개념을 바로 이해해야.

두 번째 이유는 8절 하반 절에 옵니다. "주의 강림이 가까우니라"(8절 하). 말세가 가깝기 때문에 참고 기다려야 한다는 것입니다. 우리는 먼저 '말세의 개념 이해'를 바로 해야 합니다.

last days＝초림에서 재림 때까지

the Last Day＝말세지말

'마태복음 24장에 나타난 말세의 징조'를 보면 네 가지가 있겠다고 했습니다.

* 거짓 그리스도의 출현
* 전쟁의 소식(코스보, 동 티모르, 이스라엘과 아랍국가, 중국과 대만 남북한의 관계 등)
* 기근(아프리카와 북한의 경우)과 지진(터어키와 대만의 경우)
* 불법의 무성함

그러면 '왜 주님의 재림이 지연되는가?' 택한 백성들을 다 구원받게 하려고 재림이 지연되고 있는 것입니다. 막 13:20절, "자기의 택하신 백성을 위하여 그 날들을 감하셨느니라."

2. 그러므로 주의 강림하시기까지 길이 참으라.(7절상)

하나님도 택하신 자들을 다 구원하시려고 그 날들을 감하고 참으시기 때문에 우리들도 참고 기다려야 합니다. 본문에는 그 예로 농부의 예를 들었습니다.

(예화) 농부의 인내를 배우라("이른 비와 늦은 비를 기다리나니"). 가을보리 농사의 경우처럼 눈이 오는 겨울을 참고 기다려야 한다는 것입니다.

3. 인내하는 구체적 방법은?

(1) 마음을 굳게 하라(8절상).

"stand firm" 왜냐하면 요동함이 많은 세상이기 때문입니다. 이것은 바로 믿음에 굳게 서는 것을 말합니다. 믿음을 버리면 방황하게 됩니다.

(2) 서로 원망하지 말라(9절상).

말세가 되면 원망하는 것이 많습니다. 남편은 아내를 원망하고, 아내는 남편을 원망하고, 자녀는 부모를 원망하고, 부모는 환경을 원망합니다. 장로들은 목사를 원망하고, 목사는 장로들을 원망하고, 서로서로 원망하는 것이 말세의 징조입니다. 그러나 우리는 원망하지 말아야 한다고 했습니다.

이유는 심판을 면하기 위해서입니다. 서로 원망하면 인내할 수 없습니다. 욥이 왜 그 고난을 참을 수 있었는지 아십니까? 욥 1:22 절에 이렇게 말씀하고 있습니다. "이 모든 일에 욥이 범죄하지 아니하고 하나님을 향하여 '어리석게 원망'하지 아니하니라".

(3) 선지자들의 고난과 오래 참음의 본을 삼으라.

"나의 가는 길을 오직 그가 아시나니 그가 나를 단련하신 후에는 내가 정금 같이 나오리라"(욥23:10).

가장 고난을 오래 참고 기다린 대표적 인물로 성경은 욥을 꼽고 있습니다.

(4) 욥의 인내를 본받아야 합니다.

"내가 모태에서 적신이 나왔사온즉 또한 적신이 그리로 돌아가올지라 주신 자도 여호와시요 취하신 자도 여호와시오니 여호와의 이름이 찬송을 받으실지니이다."(욥1:21).

　　그러므로 우리도 인내해서 욥처럼 정금 같은 믿음의 사람이 될 수 있기를 축원합니다. 인내하는 자만이 마지막에 구원을 받습니다. 인내하는 자만이 마침내 은혜를 받습니다. 인내하는 자만이 마침내 성공을 합니다. 그러므로 우리 모두가 인내해서 재림의 주님에게서 들어 올림을 받고, 상급을 다 받을 수 있기를 축원합니다.

믿음의 기도는?

(약5:12-18)

기도는 성도들에게 날개와 같습니다. 믿음과 기도가 바로 성도들이 가져야 할 두 날개입니다. 성도의 생활을 두 단어로 요약한다면 믿음과 기도라고 할 수 있습니다. 그러면 우리는 문제가 생길 때에 어떻게 해야 합니까? 믿음으로 기도해야 합니다.

1. 고난당할 때와 즐거운 일이 생겼을 때 할 것은?

(1) 고난의 종류(육적인 고난, 정신적인 고난, 영적인 고난)

(2) 고난을 극복하는 비결("너희 중에 고난당하는 자가 있느냐? 저는 기도할 것이요"), 고난을 당할 때에 극복하는 비결은 오직 기도밖에는 없습니다. 그러므로 기도의 무릎이 약해지지 않기를 축원합니다.

(3) 즐거움의 종류(육적인 즐거움, 정신적인 즐거움, 영적인 즐거움)

(4) 즐거움이 계속되게 하는 비결("즐거워하는 자가 있느냐 저는 찬송할지니라"), 찬송은 즐거움을 계속하게 하는 열쇠요 비결입니다.

2. 병들었을 때에 가져야 할 자세

(1) 너희 중에 병든 자가 있느냐 저는 교회의 장로들을 청할 것이요. 그 다음에 장로들이 해야 할 일을 말씀합니다.

첫째는 주의 이름으로 기름을 바르는 것입니다. 기름을 바른다는 말은 약을 쓴다는 것입니다. 그러나 어떤 분들은 절대로 약을 써서는 안 된다고 말합니다. 물론 약만을 병 고치는 것이라고 믿는 것도 문제지만 약을 거부하는 것도 문제입니다. 왜냐하면 하나님께서는 이런 방식으로 일반 은총을 통해서도 고치시고 복을 주시기 때문입니다. 특별 은총이 전부는 아닙니다.

둘째는 위하여 기도할지니라고 했습니다. 병들면 두 가지 극단적인 자세가 있습니다. 하나는 병원에만 가면 된다는 인본주의적 자세와 다음은 안수기도만 받으면 된다는 신비주의적 자세가 있습니다. 둘 다 잘못된 주장입니다. 우리는 기름을 바르며 위하여 기도해야 합니다.

3. 믿음의 기도는 어떤 효능이 있습니까?

(1) "믿음의 기도는 병든 자를 구원하리니 주께서 저를 일으키시리라"(15절 상). 믿음은 치유의 비결입니다.

(2) "혹시 죄를 범하였을지라도 사하심을 얻으리라"(15절하).

(예화) 엘리야의 기도(우리와 성정이 같음. "삼 년 육 개월 동안 땅에 비가 아니 오고, 다시 기도한즉 하늘이 비를 주고 땅이 열매를 내었느니라"). 죄의 사하심은 치유에 근본 해결이 됩니다. 왜냐하면 질병 중에는 죄로 인한 결과인 경우도 있기 때문입니다.

맺는 말

16절, "이러므로 너희 죄를 서로 고하며 병 낫기를 위하여 서로 기도하라. 의인의 간구는 역사하는 힘이 많으니라."

속고 사는 인생

(약1:16-18)

　제가 어렸을 때 저의 어머님은 "사람은 항상 속고 산다"는 말을 혼자 말로 여러 번 말씀한 적이 있었습니다. 그때에는 무슨 말인지 잘 이해가 가지 않았습니다. 그러나 이제 인생을 제법 살고 난 지금에는 "과연 그래 우리는 속고 살 때가 너무 많았지" 하고 느낄 때가 많습니다.

1. 왜 우리는 속고 사는 것일까요?

　(1) 우리가 미래에 대한 '허망한 기대'를 가지고 있기 때문입니다.

　우리는 결혼할 때 현실과는 전혀 맞지 않는 허망한 기대를 가집니다. 미국에 올 때에도 허망한 기대를 가지기도 합니다. 심지어 교회에도 허망한 기대를 가지는 경우가 있습니다.

　최근 교회 안에 목사와 어떤 특정한 사람의 흠집을 내기 위해서 교회에 덕이 되지 않는 거짓말을 유포하는 일이 있는데 그것은 잘못입니다. 물론 저에 대한 허망한 기대를 가졌기 때문에 생겨난 것도 있습니다. 제가 처음에 와서 무엇인가를 하려고 하면 모두들 '목사님 우리는 그동안 고생했습니다. 목사님 혼자 해보세요.'하고, 많은 분들이 피했습니다. 성전 지을 때도 반대하고 비협조적이었던 분들이 더 많았습니다. 그러나 교회를 짓고 나니 왜 교회를 채우지 못하느냐면서 또 다른 문제를 일으키는데 그것은 사탄의 역사입니다. 다시 말합니다만 저는 여러분들의 협조 없이는 아무 것도 할 수 없는 평범한 목회자입니다. 결코 슈퍼맨이 아닙니다. 그러므로 위해서 기도해주시고, 협력하여 주님의 뜻을 이루시기를 축원합니다.

(2) 영원하지 못한 '세상적 소망을 가지기 때문'입니다.

이 세상에는 영원한 것이 하나도 없습니다. 세상도 언제인가는 없어지고 맙니다. 다 불타버릴 것입니다. 우리의 모든 것이 다 없어지고 말 것입니다. 그런데 우리는 모든 것이 영원하기를 바라고 있습니다. 인간의 말은 다 공기처럼 없어지고 맙니다. 뜻도 약속도 다 없어지고 맙니다. 남녀 간에 가지는 사랑의 고백도, 서로의 약속도 아무 것도 이루지 못합니다.

(3) 우리의 '무지와 무능 때문에' 속고 삽니다.

저도 여러분들에게 많은 약속을 했지만 저의 무지와 무능으로 인해서 이루지 못한 것이 많습니다. 여러분들도 자녀들에게 약속한 많은 것을 무지와 무능으로 인해서 이루지 못한 것이 많이 있을 것입니다. 그것이 바로 인생입니다.

2. 속지 않고 사는 비결은?

(1) '사람은 믿지 말고 다만 사랑하면서 살면' 속지 않고 삽니다.

왜냐하면 우리의 궁극적 관심은 하나님 외에는 없기 때문입니다. 믿음이란 궁극적 관심입니다. 따라서 눈에 보이는 것은 믿음의 대상이 될 수 없습니다. 세상의 것도 믿음의 대상이 될 수 없습니다.

(2) '하나님의 약속만 믿고 믿음으로 살면' 속지 않을 수 있습니다.

성경에는 수많은 하나님의 약속 그것을 성경에서는 언약이라고 부르는데 이 언약이 많이 있습니다. 조건적 언약도 있고, 무조건적 언약도 있습니다. 민수기 23:19절에 보면 "하나님은 인생이 아니시니 식언치 않으시고"라고 했습니다. 우리는 이권 때문에 식언(약속한 말을 지키지 않는 것)하고, 약속을 지키고 싶지만 능력이 부족해서 식언합니다.

(3) '하나님나라만 바라보고 소망속에 살면' 안 속고 살 수 있습니다.

우리는 다 이 땅에 살기 때문에 자기 나름대로 꿈이 있습니다. 소박한 꿈도 있고, 화려한 꿈도 있고, 다 꿈이 있습니다. 그러나 그 꿈은 아침 안개처럼 사라집니다. 밤에 꾼 꿈처럼 사라지고 맙니다. 그러나 하나님 나라에 대한 꿈은 영원합니다. 그 소망 속에 살기를 축원합니다.

주님이 원하는 성탄선물

(12:14-17)

이제 우리는 성탄의 절기를 맞았습니다. 이 성탄절에 우리는 무엇을 해야 할까요? 선물을 주고받는 것이 가장 기쁘고, 즐거울 줄로 믿습니다. 그래서 이 시간에는 '주님이 원하는 성탄선물'이란 제목으로 함께 살펴보면서 기쁜 성탄절이 될 수 있기를 축원합니다.

1. 주님이 원하는 첫 번째 성탄선물

주님이 원하는 첫 번째 성탄선물은 축복의 기도입니다. 본문에 보면 '핍박하는 자를 축복하라'고 했습니다. 우리는 자녀들과 가족들과 가까운 이웃 사람들만 축복하려고 합니다. 물론 그들도 축복해야 합니다. 그러나 성탄의 참 의미는 하나 되는 데 있습니다. 하나님과 우리가 하나 되고, 만나지 못했던 이웃들이 하나 되고, 심지어 원수들이 만나서 하나 되는 데 있습니다. 그렇다면 우리 성도들이 무엇을 해야 합니까? 14절에 보면 핍박하는 자를 축복하라고 했습니다. 이것은 정말 우리의 연약한 믿음으로는 감당 못할 말씀입니다. 그러나 주님이 원하는 성탄선물은 물질보다 바로 이 사랑에 있습니다.

솔직히 저도 저를 방해한 사람들, 괴롭히는 사람들, 모함하는 사람들을 축복하지 못하기 때문에 그들을 잊기 위해서 몸부림을 칩니다. 그래도 잘 안 되어 기도합니다. 그러나 중요한 것은 이 성탄절을 맞아서 우리가 아기 예수님이 원하는 선물을 드려야 하는데 그것은 바로 나를 방해하고, 모함하고, 괴롭히는 사람들을 위해서 축복의 기도를 드리는 것입니다. 정말 어려운 일이지만 그러나 바라기는 오늘 하루만이라도 핍박하는 자들을 위하여 함께 기도할 수 있기를 바랍니다.

2. 주님이 원하시는 성탄의 두 번째 선물

주님이 원하는 성탄의 두 번째 선물은 다른 사람들에 대한 '관심'을 가지는 것입니다. 15절에 보면 "즐거워하는 자들로 함께 즐거워하고, 우는 자들로 함께 울라"고 했습니다. 왜 그렇게 합니까? 이유는 이웃에 대한 관심을 갖지 않으면 우리의 영혼이 메말라 죽기 때문입니다. 우리는 선한 사마리아인은 못 되지만 최소한 이웃에 대한 관심은 가져야 합니다. 어떻게 관심을 가집니까?

본문에 보면 두 가지의 방법을 말씀하고 있습니다. 첫째는 함께 즐거워하는 것입니다. 결혼식에 참여한다든지, 아기가 태어났을 때 작은 선물을 한다든지, 승진했을 때 축하전화를 한다든지, 좋은 일이 알려졌을 때 축하의 편지를 해준다든지, 집을 샀을 때 방문을 한다든지 하는 것 등입니다.

둘째는 슬픔을 함께 나누는 것입니다. 장례식이 있을 때 참여해서 슬픔을 나누는 것이라든지, 병원에 입원했을 때 문병을 간다든지, 기도해 주는 일입니다. 혹은 실직을 했다든지, 자녀들로 인해서 슬픔을 가지고 있을 때 그 슬픔을 함께 나누는 것이 바로 주님이 원하는 선물입니다. 제가 경험하기로는 슬픔을 나누는 일은 그래도 쉬운데 기쁨을 나누는 것이 더 어렵습니다. 형제가 땅을 사면 배가 아프다는 말은 바로 이것을 두고 하는 말입니다.

3. 주님이 바라시는 또 다른 선물

비천한 자들과 함께 교제하고, 화목하는 것이 주님이 원하는 또 다른 성탄선물입니다. 누가 비천한 자입니까? 나보다 학벌이 없다든지, 의복을 남루하게 입었다든지, 지위가 낮다든지, 돈이 없다든지, 차가 나쁘다든지 하였을 때 그들과 교제하고 화목하는 것이 필요합니다.

그러나 우리는 사회적으로 높은 사람들과만 교제하려고 합니다. 비천한 자들을 무시하는 경향이 있습니다. 그러나 정말 성탄절의 선물을 바치기를 원한다면 우리는 비천한 사람들과 교제하고 화목하는 것입니다. 그래서 노인들을 방문하고, 고아원을 방문하고, 무숙자들을 방문하는 이유가 바로 여기에 있습니다.

4. 성탄절에 주님이 원하는 마지막 선물

성탄절에 주님이 원하는 마지막 성탄절 선물은 우리 자신이 '흠 없는 삶'을 사는 것입니다. 이것을 위해서 특별히 두 가지를 말씀하고 있습니다.

첫째는 악을 악으로 갚지 말아야 합니다. 왜 악을 악으로 갚지 말아야 합니까? 악을 악으로 갚게 되면 그 사람과 친분이 끊기게 되고, 결국에는 그 사람이 주님께 나올 수 있는 기회가 없어지기 때문입니다. 또 악을 악으로 갚는 것이 하나님의 방법도 아니고, 주님의 태도도 아니기 때문입니다.

둘째는 모든 사람들 앞에서 선을 도모하는 것이 주님이 기뻐하는 선물입니다. 도모한다는 말은 행동하기 전에 생각한다는 뜻입니다. 미리 생각하고 기도하는 것을 말합니다. 우리는 무슨 선한 일을 할까 하고, 생각하고 시작해야 합니다. 그것이 주님께 대한 최고의 선물입니다.

맺는 말

이제 설교를 맺으려고 합니다. 우리는 이번 성탄절을 정말 보람 있게 보낼 수 있기를 축원합니다. 그것은 핍박하는 자들을 위해서 기도해주고, 비천한 자들과 교제하고, 주변에 있는 사람들에 대한 관심을 가지고 우리 자신이 흠 없는 삶을 사는 것입니다. 그런 성탄절이 되어 주님을 기쁘게 해드리는 절기가 될 수 있기를 축원합니다.

나도 너희를 보내노라

(요 20:21)

우리는 다 사명자로 이 땅에 태어났습니다. 그러므로 우리는 먼저 우리의 사명이 무엇인가를 깨닫고, 그 사명대로 살다가 마지막에 그 사명을 주신 하나님께로 다시 돌아가는 존재입니다.

1. 우리는 다 사명을 받은 존재입니다.

사 43:1절에 "내가 너를 지명하여 불렀나니 너는 내 것이라"고 했습니다. 여기서 불렀다는 말은 사명자로 세웠다는 뜻입니다. 믿습니까?

좀 더 분명하게는 오늘의 본문의 말씀에 "아버지께서 나를 보내신 것 같이 나도 너희를 보내노라"고 했습니다. 예수님이 하나님으로부터 선교사로 보내심을 받은 것처럼 이번에는 주님이 우리들을 이 땅에 선교사로 보내셨다는 뜻입니다. 믿습니까?

여기서 사명을 받았다는 말은 대단히 중요한 의미를 가집니다. 왜냐하면 우리들의 삶의 목적이 바로 그 사명과 연결이 되고, 결정이 되기 때문입니다.

우리가 아무리 작은 일을 해도 그것이 내가 밥을 먹기 위해서라고 생각하는 것과 이것이 하나님의 영광을 위해서 하는 것이라고 생각하는 것은 전혀 다릅니다. 생각도 다르고, 기분도 다르고, 자세도 다르고, 무엇하나 같지 않습니다.

우리는 선교나 목회 같은 것만 하나님의 일이라고 착각하고 있습니다. 그렇지 않습니다. 주부가 부엌에서 설거지를 해도 기도하는 마음으로 할 때에는 하나님께 큰 영광이 됩니다. 반대로 선교나 목회를 하지만 자신을 위해서 한다면 그것은 하나님께는 영광이 되지 않습니다. 문제는 자세입니다. 다른 말로 말하면 사명감을 가지고 일하느냐 아니면 돈이나 명예를 위해서 일하느냐입니다.

2. 우리가 받은 사명은 무엇입니까?

첫째는 직업을 통한 사명입니다. 직업을 영어로 여러 가지로 표현하는데 job, occupation, calling 등으로 표현하는데 중요한 것은 calling이란 단어입니다. 다시 말하면 직업이 바로 하나님이 우리들에게 주신 사명이란 뜻입니다. 돈 벌기 위해서 직업을 가졌다면 참 비참한 것입니다.

둘째는 가정이란 것을 통해서 하나님은 우리들이 사명을 감당키를 원하십니다. 가정은 행복을 맛보는 장소요, 행복을 가르치는 학교요 행복을 만들어내는 공장이기 때문입니다.

셋째로 가장 중요한 것은 복음을 전하는 일입니다.

끝으로 중요한 것은 하나님의 나라를 이 땅에 이룩하는 것입니다.

3. 사명을 감당할 때 하나님이 우리에게 주시는 축복

우리들이 사명을 감당할 때에 하나님이 우리에게 주시는 축복은 보람과 의미를 느끼게 해주시고, 참 행복을 느끼게 해주십니다. 천국에서의 상급을 주십니다.

4. 우리의 사명을 감당키 위해 우리가 구비해야 할 것은?

(1) 먼저 믿음이 있어야 합니다.

(2) 다음은 충성, 즉 성실성이 있어야 합니다.

(3) 다음은 인내심이 있어야 합니다.

(4) 끝으로 비전이 있어야 합니다.

바라기는 우리 모두가 사명자로서의 삶을 마칠 수 있기를 축원합니다.

교회 안에서 성도의 자세는?

(롬12:9-13)

우리는 지금 성탄의 절기를 맞고 있습니다. 아기 예수님께 무엇인가 귀한 예물을 바쳐야 할 텐데 동방 박사들처럼 황금과 유향과 몰약은 못 드려도 무엇인가 드려야 할 텐데 과연 우리는 무엇을 준비하고 있습니까? 하나님이 기뻐하는 아름다운 삶을 통해서 하나님께 영광을 돌리는 방법이 있습니다. 바로 믿음의 삶입니다. 그것을 오늘 저녁에 함께 살펴보면서 결심해 보는 시간이 될 수 있기를 축원합니다.

신앙에는 내적인 것과 외적인 것이 서로 연결피어 있습니다. 이 시간에는 신앙의 외적인 면을 함께 살펴보면서 우리들의 신앙이 살아있는 신앙이 될 수 있기를 축원합니다.

1. 사랑엔 거짓이 없나니 "악을 미워하고"

여기 미워한다는 헬라어에는 '아포'(apo)라는 전치사가 나오는데 그 것은 '무엇으로부터'(out of)라는 전치사입니다. 그래서 이 악을 미워하라는 말씀은 '악으로부터의 분리'를 의미합니다. 왜냐하면 소속이 중요하기 때문입니다. 따라서 '선에 속하라'는 말씀은 악을 미워하는 자가 속해야 할 것을 말씀한 것입니다. 하나님이 가장 기뻐하는 삶은 바로 거룩한 삶, 즉 구별된 삶을 가장 기뻐하십니다. 구약시대는 이 구별된 삶을 위해서 할례를 받고, 안식일을 지켰습니다. 오늘에는 어떤 구별된 삶이 있을까요? 그것은 바로 주일성수와 십일조 생활과 기도생활과 전도하는 삶입니다.

2. "형제를 사랑하여 서로 우애하고"

헬라어로 사랑이란 단어 중에 '필리아'(Philia)라는 말이 있습니다. 이 단어로 된 이름 중에 '필라델피아'란 이름이 있습니다. 형제를 사랑하란 말이 바로 필라델피아입니다. 그 다음에 나오는 우애하고 라는 말은 같은 뜻을 가진 말입니다. 이 사랑은 아가페 즉 하나님의 사랑처럼 무조건적인 사랑이 아닙니다. 주고받는 사랑입니다. 이 사랑을 위해서는 인사부터 해야 합니다. 위해서 기도부터 해줄 수 있어야 합니다. 사랑은 모든 율법을 완성하는 것입니다. 바로 이 사랑을 실천할 수 있기를 축원합니다.

3. "부지런하여 게으르지 말고"

신자의 생활 중에 중요한 덕목의 하나가 '근면'이라고 했습니다. 많은 사람들이 처음 믿을 때의 탄력성을 잃고 있습니다. 근면성을 잃고 있습니다. 여기서 게으르다는 말은 지연시키는 것을 말합니다. 우리는 정말 지연시키는 경우가 의외로 많습니다. 말씀을 묵상하고, 기도하는 것을 지연시키고 있습니다.

성경은 계속해서 적극적인 말씀을 권면하고 있습니다. "열심을 품고 주를 섬기라" 여기서 열심이란 단어는 목표가 무엇인가를 잘 말씀하고 있습니다. 롬 11:36절에 칼뱅주의의 핵심 구절의 말씀처럼 만물의 근원, 과정, 목표가 바로 주님이라고 했습니다. 우리의 섬김의 궁극적인 목표는 바로 주님이십니다. 성실은 바로 그리스도인의 상표입니다.

4. "소망 중에 즐거워하며"

바울은 기독교의 세 가지 덕목으로 고린도전서 13장에서 믿음 사랑 소망을 말씀했습니다. 오늘은 그 중에서도 소망에 대해서 말씀을 드리려고 합니다. 우리에게는 참으로 소망이 중요합니다. 다른 것은 몰라도 소망이 없으면 인간은 더 이상 살 수가 없습니다.

최근에 청소년들이 가장 많이 죽는 것의 첫째는 교통사고이고, 둘째는 자살이라고 합니다. 왜 이렇게 많은 청소년들이 자살을 합니까? 그것은 삶에 대해서 소망이 없기 때문입니다. 우리는 지금 어떤 소망을 가지고 있습니까? 천국의 소망이 있습니다. 하나님의 자녀로서 구원의 소망이 있습니다. 천국에서의 내일의 영광과 소망이 있습니다. 소망이란 말은 현재적인 의미가 아닙니다. 미래적인 의미를 가지고 있습니다. 따라서 그 다음에 나오는 '환난 중에 참으며'라는 말은 현실의 어려움이 얼마나 크다는 것을 잘 말씀하고 있습니다. 더구나 우리는 미국이라는 이질적 문화 속에서 인내 없이는 살 수가 없습니다. 바라기는 오늘도 영원한 소망을 가지시기 바랍니다.

5. "성도들의 쓸 것을 공급하며 손 대접하기를 힘쓰라"(13절).

믿음에는 항상 외적인 것이 따라야 합니다. 그것은 바로 구제입니다. 성도들의 쓸 것을 공급하는 것입니다. 액수가 중요한 것이 아니라 '기쁨으로 많은 분들에 동참하는 것'이 중요합니다. 푼돈을 모아 드리는 것을 기대합니다. 많은 분들이 참여해서 이번 성탄절은 교회에 바치는 성탄 절 헌금과 함께 불우이웃을 돕는 일에도 많이 동참할 수 있기를 축원합니다.

손 대접이란 나그네를 영접하고, 환대하는 것을 말합니다. 나그네란 낯선 사람을 의미합니다. 우리는 낯선 사람을 보면 의심부터 하는 버릇이 있습니다. 그래서 처음 보는 사람은 경계부터 합니다. 그러나 미국 사람들은 인사부터 합니다. 얼마나 아름다운 풍습입니까?

이제 오늘 저녁 성탄절 시즌에 우리 모두 신앙인으로서의 외적인 자세가 아름답고 향기롭기를 축원합니다.

물질에 얽매여 사는 자들에게 주는 경고

(약5:16)

사람은 물질을 떠나서 살수는 없습니다. 아무리 도를 닦고, 기도원에서 산다 해도 물질을 무시할 수는 없습니다. 그것은 인간은 육체와 영혼을 가진 존재이기 때문입니다. 그러나 물질에 얽매여 사는 사람들은 참으로 불쌍한 사람들입니다. 오늘을 주님이 주는 경고를 함께 들으면서 바른 삶을 살 수 있기를 축원합니다.

1. "너희에게 임할 고생을 생각하고 울고 통곡하라"(1절).

이것은 내세를 위해서 아무것도 준비하지 못하였을 때에 오는 심판의 고통을 말씀한 것입니다. 우리는 미래를 위해서 준비해야 합니다. 그러나 돈만 쌓아둔다고 모든 준비가 끝난 것은 아닙니다. 주님 앞에 내놓을 보고서가 준비되어야 합니다.

교회가 연말이 되면 모든 부서가 다 결산 보고서를 준비합니다. 인생도 인생의 연말이 되었을 때에 보고서를 제출해야 합니다. 그러면 선정된 감사가 과연 영수증은 제대로 되어 있는가? 항목 유용은 하지 않았는가? 예산은 제대로 집행되었는가? 교회성장을 위해서 무슨 일을 하였는가? 과연 우리는 지금 어떤 보고서를 준비하고 있습니까? 심판 때에 슬피 울며 이를 가는 것보다, 지금 깨닫고 보고서를 준비할 수 있기를 축원합니다.

2. "품꾼에게 주지 아니한 삯이 소리를 지르며"(4절).

이 세상에서 가장 큰 죄 중의 하나는 품꾼에게 임금을 주지 않는 것입니다. 주어도 제 날짜에 주지 않는 것이 큰 죄입니다. 왜냐하면 그들은 가난한 사람들이기 때문에 제 날짜에 삯을 주지 않으면 그들은 굶거나 아니면 돈을 빌리기 위해 여기저기 다녀야 하는 큰 고통을 당하기 때문입니다. 그런 점에서 보면 저는 큰 죄인입니다. 이번 달에 교회의 직원들에게 제 날짜에 품삯을 주지 못하고 일부만 주었기 때문에 그들이 당하는 고통이 얼마나 크겠습니까? 그러나 교회의 직분자들 가운데는 이것을 너무도 당연한 것으로 생각하는 사람들이 있는 것은 참으로 슬픈 일입니다. 그러므로 우리는 품꾼들에게 삯을 주는 것을 잘 지켜야 합니다.

다시 말해서 하나님 앞에서 내는 보고서는 크게 두 가지 형태로 되어 있습니다. 첫째가 바로 줄 것을 안 준 것, 혹은 할 것을 하지 않은 죄입니다. 둘째는 다음 구절에 나옵니다.

3. "너희가 땅에서 사치하고 연락하여"(6절).

마지막 보고서의 내용은 이 땅에서 해야 할 일은 하지 않고, 사치나 하고, 연락할 때 하나님은 심판한다는 점입니다. 아무리 돈이 많아도 우리는 사치하지 말아야 합니다. 쾌락을 누리며 연락하지 말아야 합니다. 검소하게 살 수 있어야 합니다. 검소하게 사는 사람들이 남을 돕습니다. 돈이 많으면 여유가 있는 것이 아닙니다. 그 돈을 관리하기 위해서 더 연구하고 일해야 하기 때문에 더 바쁩니다. 검소한 생활을 할 때 마음의 여유도 생기고, 돈의 여유도 생기고, 남을 도울 수 있는 여유도 생깁니다. 그러므로 사치와 연락은 죄입니다.

　이제 설교를 맺으려고 합니다. 인생은 누구나 다 갑니다. 문제는 그 날을 아무도 모릅니다. 그러므로 항상 준비하고 있어야 합니다. 요한 웨슬레는 목회자들에게 세 가지 준비를 항상 하라고 했습니다. 첫째는 언제든지 설교할 준비, 둘째는 다음 목회지로서의 이사할 준비, 셋째는 죽을 준비를 하라고 했습니다. 우리 성도들은 하나님께 보고서를 항상 준비하고 있어야 합니다. 그것이 바로 기름 준비하라는 뜻과 같은 것입니다. 미래를 위해서 항상 준비하여 우리 모두가 천국에서 상급받는 성도들이 다 되시기를 축원합니다.

안개 같은 인생

(약4:13-17)

　모든 인생은 다 미래를 준비합니다. 심지어 개도 뼈다귀를 많이 주면 미래를 위해서 땅에 묻어두는 것을 볼 수 있습니다. 그러나 문제는 '바른 준비'를 해야 합니다. 헛되이 준비하는 것은 참으로 어리석은 일입니다. 그래서 우리는 노후를 위해서 적금도 들고, 저축도 합니다. 그러나 적금을 들어도 대부분은 죽은 뒤에 자녀들이 적금 든 것을 나누어 가질 뿐입니다. 무엇이 노후를 위해서 준비하는 것입니까? 오늘은 미래를 위해서 준비하는 비결을 함께 살펴보려고 합니다.

1. 미래를 준비하는 사람들에게 주는 교훈

　(1) 장사하여 이를 보리라 하는 자들아(분주한 삶).

　장사에는 세 가지 종류가 있다고 합니다. 일류장사, 이류장사, 삼류장사가 있다고 합니다. 삼류장사는 물건이 필요한 사람에게 필요한 물건을 파는 것입니다. 이것은 누구나 할 수 있습니다. 다음은 이류장사입니다. 이류장사는 별로 필요치 않은 물건을 파는 사람입니다. 연구하고 노력해야 합니다. 끝으로 일류장사가 있습니다. 일류장사는 필요치도 않다는 사람한테 물건을 파는 사람입니다. 빌 게이츠 같은 천재적 장사꾼들을 말합니다. 유대인들이 이런 장사를 잘 합니다.

　장사하는 사람들을 영어로는 businessman이라고 말합니다. 그 말은 바쁜 사람이란 뜻입니다. 우리 교회에도 small business를 하는 사람들이 적지 않게 많습니다. 그런데 다들 바빠요. 교회에 봉사를 하는 분들도 있지만 못하는 분들이 더 많습니다. 바쁘기 때문입니다. 교회의 봉사는 좀 더 돈을 번 후에 하겠다는 것입니다. 지금 하는 일을 마친 후에 하겠다고 합니다. 그러나 그때에는 그때대로 분주합니다. 인생은 누구나 분주합니다.

(2) "내일 일을 너희가 알지 못하는도다"(불확실성의 삶)

인생의 두 번째 특징은 불확실하다는 데 있습니다. 하버드의 갈부레드 교수가 오늘의 시대를 불확실성의 시대라고 정의했습니다만 사실은 인생 자체가 불확실한 것입니다. 누가 내일 일을 압니까? 아무도 모릅니다. 우리는 내일에 일어날 세계적인 정세도 모르고, 가정의 일도 모르고, 우리 개인의 일도 모릅니다. 그래서 항상 겸손해야 합니다.

(3) "너희 생명이 무엇이뇨?"(무상한 삶)

성경에는 인생의 무상함을 여러 가지로 표현하고 있습니다. "쇠하여지는 풀이나 꽃"(시 103:15), "잠깐 자는 잠"(시90:5), "머물지 않는 그림자"(대상29:15), "잠깐 보이다가 없어지는 안개니라"(14절). 참으로 인생은 무상합니다. 여기서 수고하고 애쓰는 모든 것이 다 솔로몬이 전도서에서 말씀한 것처럼 헛되고 헛된 것입니다. 저는 인생을 엄벙덤벙 20년, 이것저것 20년, 아차, 아차 20년이라고 보고 삽니다.

(4) "주의 뜻이면"(핑계 많은 교인들).

우리는 항상 주님의 뜻이면 무엇이든지 한다고 하면서 주님의 뜻을 내 뜻으로 생각합니다. 그래서 이런 핑계, 저런 핑계를 댑니다. 핑계 없는 무덤이 없다고 합니다만 우리는 핑계를 대지 말아야 합니다. '예 제가 잘못했습니다.'하고 인정할 때 발전이 있습니다.

(5) 허탄한 자랑을 자랑하는 삶(15-16절).

허탄한 자랑은 다 때를 모르는 데서 오는 결과입니다. 우리나라의 역사를 보면 가끔 후회가 되는 일이 많습니다. 이승만 박사가 자기의 때를 알았다면 그런 비참한 결과는 나지 않았을 텐데. 박정희 대통령이 자기의 때를 알았다면, 암살당하지는 않았을 텐데. 전두환 장군이 자기의 때를 알았다면 광주의 사건은 일으키지 않았을 텐데. 우리나라가 이렇게는 되지 않았다는 생각이 듭니다.

그러나 남의 이야기는 쉽지만 자기의 때는 알기 어렵습니다. 그러므로 우리는 자기의 때를 알아야 합니다. 그래야 허탄한 자랑을 하지 않습니다.

2. 야고보의 제안

"사람이 선을 행할 줄 알고도 행치 아니하면 죄니라"

참으로 미래를 준비하는 삶은 주의 뜻대로 사는 삶입니다. 그것은 바로 내게 기회가 있을 때에 선한 일을 많이 하는 것입니다. 선한 일이란 바로 주님의 일을 하는 것입니다. 여러분의 생애 중에서 가장 보람 있는 일이 무엇이냐고 물으면 무엇이라고 대답하겠습니까? 성전 건축한 것보다 더 큰 일을 한 적이 있습니까? 그러므로 우리는 주의 일에 힘쓰는 그런 성도들이 되기를 바랍니다.

시험을 이기는 비결

(약1:12-15)

시험은 누구에게나 옵니다. 시험이 오는 것은 신앙의 정도에 관계없이 옵니다. 어떤 면에서 사탄은 중직에 있는 사람에게 더 많이 오게 해서 하나님의 왕국을 무너뜨리려고 합니다. 그런데 이 시험은 당할 때에 우리가 어떻게 하느냐에 따라 이익이 되기도 하고, 해가 되기도 합니다. 오늘은 시험을 이기는 비결을 함께 살펴보려고 합니다.

1. 이 땅에서 일어나는 모든 것,

부귀영화는 물론 시험도 영원치 않다는 것을 알아야 합니다. 그래서 '시간이 약'이란 말은 진리입니다. 한자에도 去者日疎(거자일소) 즉 세월이 가면 잊혀진다는 말이 있다. 본문에서는 "이는 풀의 꽃과 같이 지나감이라"고 했습니다. 옛 말에도 '화무십일홍'이란 말이 있듯이 열흘 붉은 꽃이 없습니다. 그 아름다움은 금방 사라집니다. 그런데 시험을 당할 때에는 우리에게는 그것이 영원한 것처럼 보입니다. 그러나 폭풍이 무섭게 몰아닥쳐도 그것은 잠깐 뿐이고 얼마 후면 태양은 떠오릅니다. '태양은 다시 떠오른다'는 영화가 많은 사람들에게 감동을 준 적이 있습니다만 어두움은 영원히 있는 것이 아닙니다. 잠깐일 뿐입니다. 바람도 계속 부는 경우는 절대로 없습니다. 그러므로 큰 시험이 올 때에는 내 인생에 이것이 마지막이라고 생각되기도 하지만 그러나 바람은 지나갑니다. 어두움도 잠시 후면 물러갑니다. 폭풍도 잔잔해집니다. 믿으시기 바랍니다. 그래서 본문 1:12절에 보면 "시험을 참는 자는 복이 있도다"
라고 했습니다.

그래서 야고보는 말합니다. "낮은 형제는 자기의 높음을 자랑하고 부
한 형제는 자기의 낮아짐을 자랑할지니" 여기 낮다는 말은 가난한 자를
말합니다. 가난한 자는 자기가 하늘에 쌓아둔 재물이 얼마나 많은 것을
바라보면서 기뻐하고 그것을 자랑하라는 것입니다. 반대로 부한 형제는
그것이 다 하나님의 축복임을 깨닫고, 하나님께 감사하며 겸손해야 한
다는 것입니다. 할렐루야. 이것이 시험을 이기는 비결입니다.

2. 시험의 의미는 무엇인가?

(1) 시험은 하나님의 테스트이다.

첫째로 시험은 하나님의 테스트(test)입니다. 따라서 시험을 이기면
첫째로 옳다 인정해 주시고, 그 후에 생명의 면류관을 주시겠다고 했습
니다. 할렐루야. 중요한 것은 먼저 인정을 받아야 합니다.

인정은 세 가지로 받아야 합니다. 첫째는 성도들에게서 인정을 받아
야 합니다. 둘째는 불신자들에게서 받아야 합니다. 그러나 가장 중요한
것은 하나님에게서 인정을 받아야 합니다. 왜냐하면 시험은 테스트이기
때문입니다.

(2) 시험의 원인을 깨달아야

다음은 시험의 원인을 깨달아야 합니다. 시험의 원인은 여러 가지입
니다. 자신의 '죄로 인해서' 시험이 오는 경우가 있습니다. 본문 14절에
보면 "오직 각 사람이 시험을 받는 것은 자기 욕심에 끌려 미혹됨이니"
라고 했습니다. 이런 때에는 회개해야 합니다. 다음은 바울의 경우처럼
'자고하지 않게 하기 위해서' 시험이 옵니다. 다음은 나면서 소경된 자
의 경우처럼 '하나님의 영광을 나타내기 위해서' 시험이 옵니다. 우리들

에게 중요한 것은 시험이 우리를 연단시킨 후에 큰 '자격자로 만들기 위해서' 시험이 올 때가 많습니다.

오늘 본문에서는 두 가지를 말씀하고 있습니다. 첫째는 '잘못된 오해'를 하지 말라는 것입니다. 13절에 "사람이 시험을 받을 때에 내가 하나님께 시험을 받는다 하지 말지니 하나님은 악에게 시험을 받지도 아니하시고, 친히 아무도 시험하지 아니하시느니라"고 했습니다. 그런데 이상한 것은 창 22:1절에 "그 일 후에 하나님이 아브라함을 시험하시려고", 하나님이 시험한다고 했습니다. 본문에는 하나님은 전혀 아무도 시험하지 않는다고 했고, 창세기에서는 하나님이 아브라함을 시험하신다고 했기 때문입니다. 모순이 되는 말입니다. 그러나 알아야 할 것은 창세기의 말씀은 하나님이 아브라함을 test했다는 뜻이고, 본문의 말씀은 하나님은 아무도 temptation, 유혹을 하지 않는다는 뜻입니다. 서로 모순된 말씀이 절대로 아닙니다.

둘째는 14절에서 시험의 원인을 이렇게 말씀하고 있습니다. "오직 각 사람이 시험을 받는 것은 '자기 욕심에 끌려 미혹됨이니'", 욕심 때문에 시험을 당한다는 것입니다.

그러면 이 욕심의 본질이 무엇입니까? 욕심의 본질을 이렇게 설명합니다. "욕심이 잉태한즉 죄를 낳고, 죄가 장성한즉 사망을 낳느니라" 그러므로 우리는 욕심을 버려야 합니다. 욕심이 모든 것의 원인이 되기 때문입니다. 그러므로 이 욕심을 십자가에 못 박아야 합니다. 나의 옛 사람을 십자가에 못 박을 때 우리는 욕심을 버릴 수가 있습니다. 그러면 욕심으로 인한 시험은 면할 수가 있습니다. 바라기는 저와 여러분들이 시험에 합격하여 생명의 면류관을 다 받을 수 있기를 축원합니다.

오늘은 우리가 시험을 이기는 비결에 대해서 말씀을 살펴보았습니다.

시험은 누구에게나 옵니다. 그리고 시험은 영원한 것이 아니고, 바람처
럼 지나가는 것입니다. 시험의 의미는 테스트하는 것일 뿐입니다. 대부
분의 경우 자기 욕심에 끌려 미혹되는 것임을 살펴보았습니다. 그러므
로 시험을 어떻게 이기느냐에 따라 유익이 되기도 하고, 해가 되기도
합니다. 그러므로 우리는 시험이란 바람이 불 때 그것을 잘 활용해야
합니다. "이 풍랑 인연하여서 더 빨리 갑니다."(503장). 그러므로 시험
으로 인해서 더 연단되고 자격자가 될 수 있기를 축원합니다.

더 큰 심판

(약3:1-6)

1. 심판

우리들에게 가장 두려운 것은 심판입니다. 심판은 이 세상에서도 무섭습니다만 죽은 후에는 더 무섭습니다. 이 세상에서는 제2의 기회가 있을 수 있습니다. 그러나 죽은 후에는 제2의 기회가 없습니다. 그래서 죽은 후의 심판은 더 무서운 것입니다. 죽은 후에 있게 될 심판의 표준을 본문에서는 간접적으로 표현하고 있습니다.

2. 심판중에 가장 큰 심판

그러면 심판 가운데도 더 큰 심판은 어떤 심판일까요?

1절에서 "내 형제들아 많이 선생이 되지 말라"고 했습니다. 왜 그랬을까요? 당시 유대인들은 다른 직업보다 선생 즉 랍비를 가장 존경했습니다. 왜냐하면 부모와 랍비가 물에 빠졌을 때에는 랍비를 먼저 구하라고 탈무드에 기록하고 있을 정도이기 때문입니다. 그것을 보면 얼마나 랍비를 존경하는지 알 수 있습니다. 지금도 랍비를 가장 존경하고 있습니다. 그래서 당시에는 랍비가 많은 권위와 존경을 받고 있었습니다. 그래서 많은 사람들이 랍비가 되기를 지망했습니다.

유대인들은 배우는 것을 좋아했습니다. 그래서 누구든지 비록 낯선 사람일지라도 배울 것이 있으면 가르칠 기회를 주었습니다. 그러나 가르칠 것이 없으면서도 랍비가 존경받는 사람이란 이유만으로 랍비 지망을 하는 사람들이 많았습니다.

이런 생각과 관습은 초대교회 때에 많이 일어났습니다. 복음을 알지 못하면서도 랍비가 존경받는 직업이기 때문에 여기저기에 거짓 교사들이 일어나 다른 복음을 전했던 것입니다. 그래서 본문에서는 존경받는다는 이유만으로 랍비가 되려는 사람들을 경고한 것입니다. 의무는 생각지 않고, 권리와 영광만 생각하는 것을 경고한 것이지 주일학교의 교사가 되지 말라는 뜻은 절대로 아닙니다.

3. 심판 중에 가장 많은 부분이 바로 혀로 인한 심판입니다.

(1) 혀의 영향력

혀를 세 가지로 예를 들었습니다. 첫째로 혀는 '재갈'(망)과 같다고 했습니다(3절).

어떻게 보면 이 예는 적절치 못한 것처럼 보입니다. 왜냐하면 혀가 재갈처럼 온 몸을 제어하는 것은 아니기 때문입니다. 지금 여기서 야고보가 강조하는 것은 재갈이 비록 작지만 큰 말을 움직이게 하듯이 혀도 세 치밖에 안 되지만 그 영향력은 말하는 사람의 인격, 그 사람의 삶까지 좌지우지하기 때문입니다. 이 작은 것이 끼치는 큰 영향력을 재갈에 비유했습니다(고전9:9, 딤전5:18).

다음은 '키'에 비유했습니다(4절).

큰 광풍에 비교할 때에 배의 키는 아주 작습니다. 그러나 배는 키가 없이는 바다 가운데서 표류할 수밖에 없습니다. 마치 자동차의 운전대와 같은 것입니다.

끝으로 '불'에 비유했습니다.

요즈음 캘리포니아에 불로 인한 피해가 너무도 큽니다. 현대의 장비로서도 어떻게 할 수가 없습니다. 불은 삽시간에 한 마을이나 산 전체를 태울 수 있습니다. 마찬가지로 혀도 한국에서의 옷 로비 사건을 보니까 국가 전체가 흔들리는 것을 볼 수 있습니다.

(2) 1절이 주는 교훈은 무엇입니까?

말씀을 혼잡하게 하는 죄가 얼마나 크다는 것을 말씀하고 있습니다. 그런 점에서 목회자들의 심판은 더 큽니다. 그래서 저는 설교를 할 때마다 두려움을 느낍니다. 누구보다도 혀를 많이 사용하는 것이 목회자인데 책임질 수 없는 말을 많이 하고 있기 때문입니다. 더구나 성경을 잘못 가르치거나 교리를 잘못 주장하면 이단이 되는 것은 말할 것도 없고, 수많은 영혼들에게 쑥을 주어 죽게 합니다. 그래서 더 큰 심판을 받게 됩니다.

사실은 제가 이 설교를 준비하고 자는데 어제 밤에 잠이 잘 오지 않아요. 왜냐하면 이 말씀은 저를 포함한 모든 목회자들에 대한 경고이기 때문입니다. 구체적으로 무슨 말씀인가 하고 묵상하다가 잠이 들었습니다. 꿈속에 세 가지로 제게 깨달음을 주셨습니다. 저는 가끔 설교를 준비하다가 그 뜻을 깨달으려고 몸부림치다가 잠이 들면 반드시 꿈속에 깨달음을 주시는 은혜가 있습니다.

첫째는 '다른 복음'을 전하지 말라는 뜻입니다. 갈 1:8절에 보면 "다른 복음을 전하면 저주를 받을지어다"라고 했기 때문입니다.

둘째는 하나님의 말씀을 혼잡하게 하지 말라는 뜻입니다. 고후 2:17절에서 "우리는 수다한 사람과 같이 하나님의 말씀을 혼잡하게 하지 아니 하고"라고 했기 때문입니다.

셋째는 하나님의 말씀을 증거 하지 않는 파수군의 손에서 그 피 값을 찾으리라는 뜻입니다(겔33:6).

교회에서 큰 직분을 가지면서 감당 못할 때 오는 책임이 크다는 뜻입니다. 미국에서는 직분자들이 거의가 파트타임 성격을 가집니다. 장로님들도 주일만 나오는 분들이 다수이고, 안수집사는 두 말할 필요도 없고, 전도사들도 다 파트타임입니다. 작은 교회의 담임목사도 다른 직업을 가지면서 파트타임으로 합니다. 과연 하나님께서 그것을 어떻게 심판하실 것인지 두렵습니다.

끝으로 혀를 통해서 남들에게 폐를 끼치는 불이 되지 말고, 또 불의의 세계가 되지 말아야 합니다.

맺는 말

하나님이 우리들에게 혀를 주신 것은 혀를 통해서 복음을 증거하고, 하나님을 찬양하며 주님께 기도하고, 많은 사람들을 위로하며 가르치게 하기 위해서 주신 것입니다. 그러나 혀를 통해서 우리들은 하나님께 영광을 돌리지 못하고 있습니다. 그러므로 이 혀를 성령의 화저로 지져서 거룩하게 하고, 혀를 길들여서 선한 일을 할 수 있기를 축원합니다.

형제 비방

(약4:11-12)

오늘 새벽에는 우리가 가장 잘 빠지면서도 큰 죄로 생각지 않는 문제를 중심으로 함께 살펴보면서 은혜를 나누려고 합니다. 그것은 비방에 대한 것입니다.

본래 비방이란 것은 '사탄의 본질'입니다. 사탄은 언제나 어디를 가든지 비방하는 일을 주업으로 삼고 있습니다. 사탄은 하나님을 비방하는 것은 물론 사람들 간에 비방을 하게 합니다. 주의 종을 비방하고, 성도들 간에 비방하고 교회를 비방합니다. 그러므로 비방하는 것은 근본적으로 잘못된 것입니다. 비방이란 쉽게 말하면 '헐뜯는 것'을 말합니다. 헐뜯어서 괴롭히고, 헐뜯어서 상처를 주는 것이 목적입니다. 그때에 어떤 쾌감을 느끼는데 이것은 병적인 쾌감입니다.

1. 비방의 역사

천사장의 하나였던 루시퍼(Lucifer)는 하나님을 헐뜯으면서 세력을 규합했습니다. 그래서 결국 하나님의 대적자인 사탄으로 전락하고 천국에서 이 세상으로 쫓겨나고 말았습니다. 그 후부터 사탄은 계속해서 하나님을 헐뜯는 일을 해왔습니다.

가장 성공적인 케이스는 하와를 통해서 하나님을 헐뜯는 일이었습니다. "하나님이 '참으로' 너희더러 동산 모든 나무의 실과를 먹지 말라 하시더냐?"(창3:1절). 간접적인 비방입니다.

그 후에도 사탄의 비방의 역사는 계속되고 있습니다. 출애굽기에 보면 모세를 비방했습니다. 민수기 12:1절에 보면 "아론과 미리암이 모세를 비방하니라"고 했습니다. 그 결과 미리암은 문둥병에 걸리게 되었습니다. 이것을 보면 비방이 얼마나 큰 죄인가를 알 수 있습니다. 그것만이 아닙니다. 심지어 주님을 비방했습니다. 성경에 보면 행악자 중에 하나가 예수님을 비방했다고 했습니다. "네가 그리스도가 아니냐? 너와 나를 구원하라"고 비방했습니다. 모든 사람은 비방을 좋아합니다. 다 사탄의 함정에 빠져 있기 때문입니다.

지금 우리 중에 누구든지 본의 아니게 남을 비방한다면 빨리 빠져나와야 합니다. 이것은 사탄의 계략에 넘어가고 있다는 것이기 때문입니다. 우리의 입은 먹는 것뿐만 아니라 말하는 중요한 역할을 합니다. '말은 창조와 함께 파괴하는 일'을 합니다. 그러므로 입을 통해서 파괴하는 일을 하지 말고, 창조하는 일을 할 수 있기를 바랍니다. 창조하는 일은 가르치고, 위로하고, 사랑하고, 격려하는 일입니다.

2. 비방하지 않는 삶을 살려면?

(1) 부정적이 아닌 긍정적인 시선으로 보아야 한다.

'먼저 남의 부정적인 면을 보지 말고, 밝은 면을 보도록' 노력하는 것입니다. 오래전에 미국의 대통령인 클린턴의 르윈스키와의 관계를 파헤친 미국의 특별 검사였던 스타 검사가 자기는 다시 그런 책임이 주어진다면 하지 않겠다, 미국을 위해서나 개인을 위해서나 아무런 유익이 없었다고 후회하는 말을 기자들에게 고백했습니다. 비방하는 일은 결코 유익이 없기 때문입니다. 그러므로 밝은 면을 보고 격려하고, 칭찬하고, 위로하는 것이 자신과 남들에게 유익이 됩니다.

(2) 적극적으로 감사하는 마음으로 살 때 비방하지 않습니다.

'항상 감사하는 마음으로 살 때' 비방거리가 되지 않습니다. 고전 10:30절에 "만일 내가 감사함으로 참예하면 어찌하여… 비방을 받으리요"라고 했습니다. 우리는 감사하는 마음을 가지고, 입으로 찬양하고, 기도하고, 전도하고, 가르치지 않으면 누구나 남을 비방하는 말을 하게 됩니다. 그러므로 우리는 감사하는 마음으로 참예하여야 합니다. 세상에는 말 못하는 벙어리가 얼마나 많습니까. 이 입을 주신 하나님께 감사하고, 찬양하고, 기도하고, 간증할 수 있기를 축원합니다.

(3) 근본적으로는 중생해야 합니다.

근본적으로는 중생해야 입이 선해집니다. 그러나 중생을 한 것만으로는 부족하고, 계속해서 성령의 불로 우리의 입을 지져야 합니다.

(4) 할일없는 사람이 범하는 죄가 비방입니다.

주의 일에 힘쓰면 남을 비방할 시간이 없습니다. 비방하는 사람은 참으로 할 일이 없기 때문입니다.

맺는 말

오늘은 형제와 자매를 비방하는 것이 얼마나 하나님 앞에서 죄가 되는가를 살펴보았습니다. 우리가 남의 잘못을 비방한다고 하지만 결국은 주님을 비방하게 되고, 우리의 비방이 버릇이 되어 자신도 불행에 빠지고 맙니다. 그러므로 피차 비방하지 않기를 축원합니다. 좋은 말도 다할 수 없습니다. 그러므로 감사함으로 입을 채울 수 있기를 축원합니다.

비방하지 말 것은?

1) 하나님, 주님, 성령님
2) 교회
3) 주의 종
4) 직분자들, 특별히 당회

5) 남편과 아내

6) 형제와 자매

7) 자신

이제 말씀을 마치려고 합니다. 우리는 절대로 남을 비방하지 않기를 바랍니다. 특별히 주의 종들을 비방하지 않기를 바랍니다. 비방하면 자신에게 하나님의 축복이 임하지 않습니다. 설교가 은혜가 되지 않고, 교회와 멀어지고 마침내는 하나님과도 멀어지기 때문입니다. 또 그 비방이 잘못되었을 때에는 큰 화를 당하게 됩니다. 밝은 면을 보는 우리들이 되기를 축원합니다.

성도들이 가져야 할 삶의 자세

(약4:9-10)

지난 시간에 이어서 날마다의 삶에서 승리하는 비결을 말씀하고 있습니다. 그래서 이 시간에는 성도들이 가져야 할 삶의 자세란 제목으로 함께 주님의 뜻을 기다려 보려고 합니다.

1. 쾌락과 자기 중심의 삶을 버리고, 주님 중심의 삶을 살아야 합니다.

오늘의 말씀인 야고보서 4장 9절은 오해하기 쉬운 구절입니다. 마치 '멜랑꼴리한 삶을 살아라'는 뜻으로 해석할 수도 있기 때문입니다. 혹은 고행을 통해서 비참해지라는 뜻으로도 볼 수 있기 때문입니다. 아닌게 아니라 일제치하에서는 그렇게 살았습니다. 그러나 이 말씀은 그런 뜻이 아니라 '철저한 회개를 촉구하는 말씀'입니다.

애통하며 울라는 것은 억누를 수 없이 격앙된 뉘우치는 모습을 말씀한 것입니다. 또 여기서 웃음을 애통으로, 즐거움을 근심으로 바꾸라는 것은 죄 아래서 누리는 웃음과 즐거움을 버리고, 주님, 저는 죄인입니다, 주님의 용서 없이는 안 됩니다. 그래서 감히 하늘을 쳐다보지도 못하고 오직 하나님의 긍휼만을 기다리는 자세를 말씀한 것입니다.

동양의 격언에 '이열치열'이란 말이 있습니다. 예를 들면 여름에 뜨거운 물을 마셔서 시원함을 느낍니다. 사우나에 가서 뜨거운 물속에 몸을 담그면서 야 왜 이렇게 물이 미지근하냐? 좀 더 뜨겁게 하라, 아이 시원하다고 말합니다. 이것은 영적으로도 그렇습니다. 우리 성도들은 죄를 회개하며 울면서 행복을 발견하고, 기뻐합니다. 세상 사람들처럼 쾌락에 빠져 시시덕거리지 않습니다.

2. 주 앞에서 낮추는 삶을 살아야 합니다.

주 앞에서 낮추는 삶을 살아야 할 이유는 그럴 때에 하나님이 우리를 높여주시기 때문입니다. 자신을 낮춘다는 것이 대단히 어렵습니다. 교회 안에서도 문제가 일어나는 것은 모두가 자신을 높이기 때문입니다. 그러면 언제 우리가 자신을 낮출 수 있습니까? 자신의 영적인 상태를 보게 될 때에 겸손해집니다.

우리를 높여주신다는 말씀은 크게 두 가지 뜻이 있습니다. 하나는 우리들에게 참된 기쁨을 주신다는 것이고, 다른 하나는 주님과 함께 앉게 하여준다는 뜻입니다. 은혜의 강물은 위에서 아래로 흐릅니다. 하나님의 축복의 강물도 위에서 아래로 흐릅니다. 아래로 갈수록 깊고, 풍성합니다. 그러나 우리는 위로, 위로 올라갑니다. 산에 올라갈 때에 목이 마르면 아래로 가야 물이 있습니다. 이것은 세상을 살아가는 원리요 영적 세계의 원리입니다.

오늘 우리는 어떤 삶의 자세를 가져야 할 것인가를 살펴보았습니다. 우리는 쾌락 중심의 삶이 아니라 주님 중심의 삶을 살아야 하고, 항상 겸손하게 자신을 낮추며, 주님이 살았던 그런 자세로 살아야 합니다. 그럴 때 하나님은 우리들을 높여주십니다. 우리들에게 참 기쁨을 주시고, 가장 중요한 것은 주님과 함께 앉을 수 있습니다. 그런 삶을 살 수 있기를 축원합니다.

언약의 후사가 되려면

(롬4:9-13)

아브라함에게 주신 축복의 언약은 모든 사람에게 주시는 것은 아닙니다. 그러므로 이 시간에 축복의 언약을 받는 후사가 되는 비결을 중심으로 함께 은혜를 나누려고 합니다.

1. 후사에게 주시는 복은?

(1) 자녀가 되는 복을 받습니다.

먼저 자녀들이 되는 복을 받습니다. 자녀는 부모의 유산을 물려받고 부모와 함께 사는 축복을 받습니다. 그러므로 하나님의 자녀가 되는 것 자체가 큰 축복입니다.

(2) 다음은 이 땅을 차지하는 복을 받습니다.

땅을 준다는 말은 첫째로 부자가 된다는 뜻입니다. 둘째는 활동의 범위를 넓게 해준다는 뜻입니다. 셋째는 영향력을 넓게 해준다는 뜻입니다.

(3) 복을 나누는 이중적 복이 있습니다.

복의 전달자가 자신만 복을 받는 것이 아니라 복을 남들에게 전달해주는 복은 이중적인 복입니다. 후사가 되면 이런 복을 받습니다.

2. 아브라함의 후사가 되려면 ?

한 마디로 말해서 의로워져야만 합니다. 왜냐하면,

(1) 하나님은 거룩하신 분이시기 때문에 그의 자녀나 그와 함께 하려는 모든 사람들도 의로워야 합니다.

(2) 그러나 인간의 의는 하나님 앞에서 때 묻은 것이요 부족한 것이요 잠정적인 것이기 때문에 사람 앞에서만 유익할 뿐 하나님 앞에서는 아무런 소용이 없습니다. 그러므로 예수님을 통해서 전가되는 하나님의 의를 덧입어야합니다.

3. 의롭게 되는 구체적 비결은?

(1) 율법으로 말미암지 않습니다(13).

그러므로 의롭게 되는 것은 선행으로 되는 것도 아니고, 말씀대로 산다고 되는 것도 아니고, 교회에 열심이 있다고 되는 것도 아니고, 많은 물질을 바친다고 되는 것도 아닙니다.

(2) 할례로도 의롭게 되지 않습니다(10).

세례나 교회의 직분이나 예배 행위로 되는 것도 아니라는 말입니다.

(3) 의롭게 되는 것은 오직 믿음으로 말미암습니다(13).

무엇을 믿습니까?

첫째 예수님이 하나님의 아들이시며 나의 구주되심을 믿어야 합니다.

둘째 예수님이 나 위해 십자가에서 대신 죽으셨다는 것을 믿어야 합니다.

셋째 예수님이 나 위해 부활하셨다는 것을 믿어야 합니다.

넷째는 예수님이 나로 하여금 왕 노릇 하게 하기 위해서 다시 재림하신다는 것을 믿어야 합니다.

무엇보다도 중요한 것은 내가 믿음으로 구원받았다는 것을 믿어야 합
니다.

4. 후사로서 복을 받은 후에는?

1) 내가 주님을 통해서 받은 복의 귀중함을 알아야 합니다.

2) 받은 복은 유지만 하려는 소극적 자세를 취하지 말아야 합니다.

3) 복은 많은 사람들에게 나누어주어야 복이 복되고, 또 믿음이 성장
합니다.

오직 믿음으로 말미암아

(롬3:21-31)

우리가 안고 있는 문제점은 무엇일까요?

이 세상에 문제가 없는 사람은 아무도 없습니다. 누가나 종류는 다르지만 다 문제가 있습니다. 그러나 본문에는 근본적인 문제를 말씀하고 있습니다.

23절에, "모든 사람이 죄를 범하였으매 하나님의 영광에 이르지 못하더니."

문제는 범죄입니다. 세상에서는 우리의 범죄가 탄로날 때에는 변호사를 사서 법적인 대응을 해야 합니다. 그러나 여기서 말하는 범죄는 사회적인 것도 사람들에 관한 것도 아닙니다. 하나님 앞에서 지은 죄에 관한 것입니다. 그런데 이 범죄의 결과로 '하나님의 영광에 이르지 못하더니'라고 했습니다. 하나님께서 우리에게 주시려고 준비한 것들을 전혀 받을 수 없게 되었다는 말입니다. 그래서 오늘은 어떻게 하면이 죄의 문제를 해결할 것인가를 살펴보려고 합니다.

1. 우리가 사는 길

우리가 사는 길은, 즉 죄의 문제를 해결하는 길은 '하나님의 의'를 힘입는 것뿐입니다.

(1) 하나님의 의를 어떻게 얻을 수 있습니까?

하나님의 의는 율법으로 말미암지 않습니다(28절).

또 행위로 말미암지도 않습니다(27절).

(2) 믿음으로 말미암아 이루어집니다.

그리스도를 믿음으로 말미암아 이루어진다(22절). 그러면 어떻게 이루어지는가? 믿으면 의롭다 함을 받습니다. 바로 그 칭의가 필요한 것입니다.

(3) 어떻게 할 때 하나님이 의를 주시는가

그러면 어떻게 할 때에 이 하나님의 의를 주십니까? "하나님의 은혜로 값없이 의롭다 하심을 얻는 자 되었느니라"(24절). 의는 믿는 자에게 주시는 하나님의 은혜입니다.

(4) 의는 예수의 피로 말미암아 받습니다.

객관적으로 말하면 예수의 피밖에는 없다(25절). 예수의 피는 전에 지은 죄를 간과케 하십니다. 가려주는 것입니다. 하나님의 의로우심을 나타내십니다. 따라서 우리가 교만하거나 남들에게 자랑할 것이 없음을 알아야 합니다.

2. 오직 믿음으로 말미암아

하나님의 의를 위해서 우리가 할 것은 '오직 믿음으로 말미암아' 뿐입니다. 어떻게 보면 너무 간단합니다. 그래서 사람들은 믿는 것을 무시합니다. 교회사를 보아도 인간들은 자신의 어떤 공로로 하나님 앞에서 의롭다함을 받으려고 애쓴 흔적들을 볼 수 있습니다.

3. 그러면 율법은 어떤 의미가 있는가

하나님의 은혜로 의롭다함을 받고, 우리가 믿음으로만 의롭다함을 받으면 그러면 율법은 어떤 의미가 있는가?

(1) 그리스도에게로 인도하는 몽학선생입니다.(갈3:24절).

(2) "율법으로는 죄를 깨달음이니라"(20절).

(3) 하나님의 뜻을 보여주는 등불입니다.(시119:105절). 31절 "그런즉 우리가 믿음으로 말미암아 율법을 폐하느뇨 그럴 수 없느니라. 도리어 율법을 굳게 세우느니라.

4. 오직 믿음으로 말미암아 사는 성도의 자세는?

(1) 오직 하나님만 의지합니다.

(2) 항상 겸손한 삶을 삽니다. 왜냐하면 내가 구원받기 위해서 한 것이 전혀 없기 때문입니다.

(3) 주님의 도구가 되어져서 충성하는 삶을 삽니다.

(4) 모든 일에 긍정적인 삶을 삽니다.

그러므로 우리는 믿음으로 말미암아 다 의인들이 되시기를 축원합니다.

우리 조상된 아브라함에게 주신 축복

(창12:1-3)

우리는 다 아브라함처럼 복을 받기를 원하고 있습니다. 그러나 이 복은 거저 주시는 것이 아닙니다. 그래서 이 시간에는 아브라함에게 주신 (1) 복의 내용 (2) 복을 받은 비결을 살펴보면서 함께 은혜를 나누려고 합니다.

1. 아브라함이 받은 축복의 내용은?

크게 세 가지입니다.

(1) 큰 민족을 이루고

12:2절에 보면 "큰 민족을 이루고", "네 이름을 창대케 하리라"고 했습니다. 이것은 당대에 뿐 아니라 후손에게까지 축복을 연장시켜 주시겠다는 약속입니다. 당대에만 복을 받아도 큰 복입니다. 그러나 후대에까지 연결된다면 이것은 더 큰 복입니다.

(2) 이 땅을 네 자손에게 주리라

12:7절에 "이 땅을 네 자손에게 주리라", 이것은 거부가 된다는 뜻도 있으나 더 중요한 뜻은 천국을 상속해 주시겠다는 영적 의미가 있습니다.

(3) 복의 근원이 될지라

12:3절에 "너는 복의 근원이 될지라". 이것은 당대에 남들에게 복을

나누어주는 복의 분배 자를 의미합니다. 더 중요한 것은 후대에 그리스도께서 오심으로 온 세상에 복을 주시겠다는 뜻입니다.

2. 복을 받은 비결은?

(1) 아브라함은 하나님과 바른 관계를 가졌습니다.

성경에 보면 가장 중요한 것은 관계라고 말씀하고 있습니다. 그래서 십계명에도 1~4계명에는 하나님과의 바른 관계를 가지는 비결을 5~10계명에는 사람, 이웃들과의 바른 관계를 가지는 비결을 말씀하고 있습니다. 이것은 관계가 중요하다는 뜻입니다.

(2) 아브라함은 하나님의 말씀에 순종했습니다.

믿음이란 순종입니다. 12:1절에서 '떠나라'고 했습니다. 그래서 어디로 가는지도 모르고 떠났습니다. 그 후에도 여러 번 하나님이 말씀하실 때마다 순종한 것을 우리는 볼 수 있습니다. 순종은 제사보다 더 중요합니다.

(3) 아브라함은 우선순위를 바로 알고 선택하였습니다.

12:7절에 보면 "그곳에 단을 쌓고"

12:8절에는 "여호와의 이름을 부르더니"라고 했습니다.

13:9절에는 "네가 좌하면 나는 우하고, 네가 우하면 나는 좌하리라"고 양쪽의 미덕을 베풀었습니다.

그러나 롯은 13:10절에 "롯이 눈을 들어 요단 들을 바라본즉"이라고 했습니다.

(4) 철저한 헌신자였습니다.

22:2-3절에 보면 아브라함의 철저한 헌신을 볼 수 있습니다. 헌신한 자에게는 하나님께서 복을 주십니다.

전도의 원칙

(고전2:1-5)

나무에 꽃이 피고, 열매를 맺는 것은 어린 나무나 새로 돋은 가지에서 많이 생겨 집니다. 마찬가지로 성도들도 교회에 나온 지 얼마 안 되는 분들이 전도하기 쉽고, 더 열심을 가지게 됩니다. 전도할 분들이 주변에 많기 때문입니다. 그러나 오래 된 교인들도 전도의 문을 열어달라고 기도만 하면 길이 열립니다. 믿습니까? 오늘 저녁에는 바울의 전도의 원칙을 살펴보면서 우리들도 바울과 같은 전도 인이 될 수 있기를 축원합니다.

1. 믿음으로 동참하는 마음을 가져야

먼저 예수 그리스도의 인격과 사역에 '동참하는 마음'을 가져야 합니다. 전도자는 예수님의 마음, 죽어 가는 영혼을 불쌍히 여기는 마음을 가져야 합니다. 그뿐 아니라 주님의 발, 주님의 손, 주님의 입을 가져야 합니다.

바울은 전도할 때에 "말과 지혜의 아름다운 것으로 아니하였나니"(고전2:1)라고 했습니다.

2. 자기 연약성을 인식해야

'자신의 연약성을 인식'해야 합니다. 다시 말하면 겸손해야 전도할 수 있습니다. 사실 바울만큼 많이 배운 사람이 어디 있습니까? 그런데 바울은 고전 2:3절에서 이렇게 고백합니다. "내가 너희 가운데 거할 때에 약하며 두려워하며 심히 떨었노라". 바울이 약하고 두려워하고 심히 떨었던 것은 고린도 교인들과 비교를 해서가 아닙니다. 내가 감히 어떻게 존귀하신 하나님의 종이 될 수 있을까? 어떻게 그의 진리를 가르칠 수 있을까? 그런 점에서 그는 자신의 연약함을 깨달았고, 두려웠고, 심히 떨었던 것입니다. 자신의 연약성을 깨닫는 사람이 전도할 수 있습니다. 잘난 사람은 자신을 선전하다가 맙니다. 그러나 자신이 연약하고 부족한 것을 느끼는 사람은 주님을 고백하고 선전하는 것으로 만족해합니다. 지금 우리는 자식 자랑, 가구 자랑, 집 자랑, 자동차 자랑은 하면서 주님 자랑은 못하고 있습니다. 그러므로 주님 자랑으로 만족할 수 있기를 바랍니다.

3. 성령의 역사와 권능을 의지해야

'성령의 역사와 권능을 의지해야 전도를 할 수 있습니다. 자신의 연약함을 인식하는 사람은 항상 의지하려고 합니다. 성령의 역사와 권능을 의지해야 합니다. 본문 4절에 보면 "내 말과 내 전도함이 지혜의 권하는 말로 하지 아니하고, 다만 성령의 나타남과 능력으로 하여라"고 고백한 것은 성령의 역사 없이는 성령의 권능이 없이는 전도할 수 없다는 것을 깨달았기 때문입니다.

4. 전도는 고구마 전도왕처럼

전도는 특별한 사람이 하는 것이 아니라 누구나 할 수 있습니다. 믿습니까? 그러나 자존심이 강한 사람, 남에게 누를 끼치지 않으려고만 하는 사람은 어렵습니다. 우리 중에 전도하기를 원치 않는 사람이 어디에 있겠습니까? 그러나 전도는 누구나 다 하는 것이 아닌 게 현실입니다. 최근에 고구마 전도 왕으로 널리 알려진 김기동 집사를 보면 전도

방법이 아주 간단합니다. 그냥 무조건 아무나 찔러보는 것입니다. 그런데 그것이 전도를 하게 되고, 결과적으로 큰 성공을 거두었습니다. 문제는 우리들이 전도도 하지 않고, 먼저 결론부터 내리는 데 있습니다. "저 사람은 안 될 거야"라는 생각을 하지 말고 나는 씨를 뿌리는 사람일 뿐이지 싹이 나게 하고, 열매를 맺게 하는 것은 하나님의 할 일이라고 해야 합니다. 대개는 자기가 할 일은 하지 않고, 하나님의 일을 하려고 합니다. 바로 이것이 우리들이 전도를 못하는 이유입니다. 우리 한 번 따라 합시다.

"무조건 찔러보자, 익었나 안 익었나 찔러나 보자. 하나님이 준비한 사람은 나옵니다."

또 따라 합시다.

(1) 이번 주일에 저희 교회에 한번 와 보세요. 큰 은혜를 받을 것입니다.

(2) 꼭 한번만 와 보세요. 좋아하실 것입니다.

(3) 저희 교회 예배 테이프입니다. 한번 들어보세요. 좋으시면 또 드리겠습니다.

(4) 등록은 안 하셔도 괜찮아요. 한번 와서 구경만 하세요.

얼마나 간단한 방법입니까? 고구마가 익었는지 안익었는지는 아무도 모르니 그냥 찔러보면 됩니다. 아멘.

십자가의 도

(고전1:18-25)

　십자가는 하나님의 능력입니다. 믿습니까?

　그러나 십자가에 대한 설교를 하는 것은 멸망하는 사람들에게는 어리석게 보입니다. 늘 들은 말이고, 뜨겁지도 않습니다. 설교란 말은 헬라어로 십자가의 말씀이란 뜻입니다. 그러므로 우리는 십자가의 말씀을 들어야 하는데 체험을 듣기를 원합니다. 17절에 나오는 '말의 지혜'와 십자가의 말씀은 서로 대조가 되는 말인데 바로 이 말의 지혜를 사람들은 더 원합니다.

　세상의 지혜는 많은 말로써 진리를 찾으려 하고 삶에 대한 의미를 찾으려고 합니다. 그러나 십자가의 말씀만이 진리와 삶의 의미를 밝혀주는 유일한 길이 됩니다. 이것이 세상 사람들에게는 어리석게 보일지라도 유일한 길임을 기억해야 합니다. 저도 체험을 말하라면 끝이 없습니다. 그러나 칼뱅은 체험은 하나님의 말씀에 대한 반역이라고 보았습니다. 그래서 총신에서는 체험 중심의 설교를 못하도록 가르칩니다. 저는 그래도 좀 체험을 말하는 편이지만 말씀 자체가 더 중요하고, 표준이 되기 때문에 체험을 말씀보다 앞세우지는 않습니다.

　그러나 십자가의 설교는 구원 얻는 사람들에게는 하나님의 능력이 됩니다. 그러나 멸망하는 자들에게는 어리석게 보입니다. 여기서 멸망하는 자들이란 말은 중요한 말입니다. 현세에서 잃은 상태에 있는 사람이란 뜻입니다. 또 내세에서도 잃은 상태에 있는 사람이란 뜻이기도 합니다. 그러므로 십자가의 말씀을 듣는 데도 가슴에 감격이 없고, 뜨겁지 않는다면 우리에게 문제가 있는 것입니다. 어쩌면 멸망할 자인지도 모르기 때문입니다.

반대로 성경에서 구원이란 말은 세 가지의 체험을 뜻하는 말입니다. 첫째로 과거 언제인가 가졌던 단번에 받은 구원의 체험을 말합니다. 둘째로 지금도 갖는 성령의 계속적인 체험입니다. 셋째로 미래에 갖게 될 그리고 완성될 영원한 체험입니다. 바로 이런 체험이 우리들에게 일어나기를 바랍니다.

2. 십자가가 우리들에게 주는 것은?

(1) 잘못된 생각을 버려야.

우리가 아무리 똑똑해도 인간의 지혜와 생각에는 오류가 있다는 것을 보여줍니다.

자신의 일만하고, 원하는 대로 살고, 욕심 부리고, 지위와 권력을 얻으려고 하고, 인정받고 유명해지려고 하고, 평안하려고 하고, 많은 것들을 저장해 두려고 합니다. 그러나 이런 생각은 다 잘못된 것입니다.

(2) 참을 찾는 인간

십자가는 인간이 찾고 있는 것들이 다 허무함을 보여줍니다. 사랑이니 평화니 기쁨이니 하는 모든 것들이 다 참이 아님을 보여줍니다.

(3) 십자가가 주는 해답

십자가는 인간의 모든 문제에 대한 해답을 줍니다. 결코 우리가 추구하는 물질이나 욕심이나 권력이나 명예나 인간의 노력으로는 아무것도 되지 않는다는 것을 폭로해 줍니다.

(4) 십자가만이 더하기의 표시(plus sign)

십자가는 하나님의 지혜입니다. 세상 사람들은 자신들이 하나님에게 선택된 자라고 믿고 있습니다. 자기들의 선행, 착함, 노력을 통해서 그렇게 될 수 있다고 믿고 있습니다. 유대인들은 혈통을 통해서 선택된 사람들이라고 믿었습니다. 유대인들은 표적을 통해서, 헬라인들은 지혜를 통해서 신에게 나아갈 수 있다고 믿었습니다.

그러나 십자가만이 더하기의 표시요 하나님께 나아가는 열쇠요 해답입니다. 그러므로 이 시간에 십자가를 통하여 주님과 만나고, 십자가를 통하여 삶의 해답을 얻고, 십자가를 통하여 문제를 여는 열쇠가 되시기를 축원합니다. 십자가만을 사랑하고 십자가만을 의지하고, 십자가만을 따라가는 우리들이 다 되시기를 축원합니다.

혀를 길들이려면

(약3:7-12)

이솝의 우화에도 나옵니다만 혀는 세상에서 제일 좋은 것이고, 또 세상에서 제일 나쁜 것이기도 합니다. 왜냐하면 말을 통해서 위로를 받기도 하지만 말을 통해서 마음의 상처도 받기도 하기 때문입니다. 이처럼 혀는 여러 가지 역할을 합니다. 오늘은 이 혀의 위험성을 살펴보면서 이 혀를 어떻게 길들여야 하는지의 법을 함께 살펴보겠습니다.

1. 먼저 우리는 혀의 위험성을 알아야 합니다.

(1) 혀는 작지만 큰 힘을 발휘할 수 있습니다.

4절에 혀의 위력의 예를 들었습니다. 배를 보면 작은 키가 배 전체를 움직입니다. 혀도 마찬가지란 말씀입니다. 혀를 잘 놀려서 성공한 사람도 있고 잘못 놀려서 망한 사람도 있습니다. 그래서 잠언 17:20절에 보면 "혀가 패역한 자는 재앙에 빠지느니라"고 했습니다.

혀로 망한 사람 가운데 르호보암을 들 수 있습니다. 그는 북방의 열 지파 사람들이 대표를 보내어서 부탁을 받게 되었습니다. 가혹한 통치를 완화해 주십시오 하고. 그런데 르호보암은 이렇게 대답을 했습니다. 내 부친은 채찍으로 징계를 하였으나 나는 전갈로 징계하겠다고(대하 10:14). 이 한 마디 말로 왕국은 깨어져 남북으로 나뉘었습니다. 열 지파의 사람들은 떠나서 북방 이스라엘 왕국을 만들었습니다. 이처럼 혀를 잘못 놀리면 큰 재앙이 임합니다.

(2) 혀는 파괴하는 불이기 때문에 위험합니다.

성냥 한 개비로 산 전체에 불을 지를 수가 있습니다. 불이 나면 모든 것을 재로 만들기 때문에 불은 대단히 위험합니다. 그런데 6절에 보면 '혀는 불과 같다'고 했습니다.

여러분 한번 간 것이 돌아오지 않는 것이 있습니다. 첫째는 쏜 화살이고, 둘째는 놓쳐버린 기회이고, 셋째는 한번 뱉어버린 말입니다. 그러므로 말에 조심해야 합니다. 그래서 옛 날에는 '삼사일언'이라고 했습니다.

(3) 혀는 아주 변덕스럽습니다.

누구나 남을 칭찬도 해보았을 것이고, 책망도 해보았을 것입니다. 그런데 이 혀는 얼마나 변덕스러운지 한 혀로 두 가지 말을 다 합니다. 축복도 하고, 저주도 합니다. 위로도 하고, 상처도 줍니다. 복음도 전하고 저주도 합니다. 사랑도 고백하지만 미움의 욕도 합니다. 정말 혀는 변덕스럽습니다.

2. 그러므로 혀는 길들여야 합니다.

어떻게 길들여야 합니까?

(1) 성령의 화저로 지져야 합니다.

이사야 선지자처럼 먼저 성령의 화저로 지져야 합니다. 죄인의 혀는 항상 불평과 원망, 저주가 나오기 때문입니다.

(2) 근본적으로 거듭나야 합니다.

근본적으로는 거듭나야 혀가 거룩해집니다. 물론 혀는 제일 먼저 변하지만 그러면서도 마지막 순간까지 제일 늦게 변하는 존재입니다. 처음 예수 믿으면 주님 사랑해요 하고 고백하지만 죽는 날까지 말에 실수를 많이 합니다.

(3) 대화법을 연구해야 합니다.

일본에서는 화력원(話力院)이란 것이 있어서 말하는 법을 배우고 가르칩니다. 우리나라에도 하나 있었습니다. 우리는 말하는 법을 배워야 합니다. 대화법을 연구해야 합니다. 훈련을 받아야 합니다. 성도들과 대화를 해보면 참 대화할 줄을 모릅니다. 남의 마음을 아프게 하는 경우가 너무도 많습니다.

이 혀는 먼저 거듭나야 하고, 다음에는 훈련을 통해서 잘 조정할 수 있어야 합니다. 그러므로 먼저 거듭나고, 다음에는 훈련을 시켜서 하나님의 뜻을 이루기를 축원합니다.

오늘 아침에 한번 몇 가지 훈련을 해보겠습니다.

1) 무엇을 베푸는 사람에게 : 감사합니다.

2) 남들의 칭찬을 받았을 때 : 다 하나님의 은혜입니다.

3) 거절을 해야 할 때 : 기도해 봅시다(김창인 목사의 특기).

4) 고통으로 인해 괴로워하는 분들에게 : 얼마나 마음이 아프세요. 하나님이 길을 인도하실 것입니다.

5) 실패로 인해서 눈물을 흘리는 사람들에게 : 하나님의 연단으로 믿으세요.

6) 기뻐하는 사람들에게 : 저도 얼마나 기쁜지 몰라요.

7) 기도가 필요한 사람들에게 : 부족하지만 저도 기도하겠어요.

8) 절망 속에 있는 사람들에게 : 힘을 내세요. 하나님께서 또 다른 기회를 주실 것입니다.

요 몇가지만 훈련해도 큰 도움이 될줄로 믿습니다. 아멘.

돌아서게 하면

(약5:19-20)

현대인은 고향을 상실한 사람들이 많습니다. 농촌에서 직업을 찾아 도시로 집중하면서 고향을 상실했고, 이민을 오면서 또 한 번 고향을 상실했습니다. 그런 우리들에게 교회는 고향이 될 수 있습니다. 그것을 영어로 home church라고 말합니다.

그러나 불행하게도 많은 사람들이 교회를 극장처럼 갔다 왔다만 할 뿐 고향인 교회를 잊고 사는 경우가 많습니다. 그래서 현대인들은 더욱 외롭습니다. 그러나 저는 우리 성산교회가 우리 모두에게 마음의 고향, 영혼의 고향이 될 수 있기를 축원합니다.

오늘의 요절은 20절입니다. 다른 사람들을 돌아서게 하면 허다한 죄를 덮는다는 것입니다. 누구의 죄를 덮는다는 뜻입니까?

오리겐이라는 교부는 용서함을 받는 여섯 가지의 원리가 있다고 했습니다.

1) 세례 받으면 용서함을 받게 되고,

2) 순교할 때 용서함을 받게 되고,

3) 구제하는 일을 할 때 용서함을 받게 되고,(눅11:41)

4) 다른 사람들의 죄를 용서할 때 용서함을 받게 되고, (마6:14)

5) 다른 사람들을 사랑할 때 용서함을 받는다고 했습니다. 그래서 성경은 "사랑은 허다한 죄를 덮느니라"고 했습니다.

6) 또 오늘의 본문에 보면(약 5:20절) 다른 사람들을 돌아서게 할 때에 용서함을 받는다고 했습니다. 오늘은 이 말씀을 중심으로 함께 은혜를 나누려고 합니다. 오늘의 본문을 보면 크게 세 가지의 교훈을 주고 있습니다.

1. 미혹의 영이 많은 사람들을 미혹

첫째로 지금은 미혹의 영이 많은 사람들을 미혹하고 있다고 했습니다. 사실 교회는 많으나 교회다운 교회는 많지 않습니다. 그런 점에서 우리 교회가 진리의 터와 기둥이 되어야 할 것입니다. 미혹의 영은 적그리스도의 모습으로 나타나기도 하지만 더 무서운 것은 양의 모습으로 나타난다는 점입니다. 교회는 그리스도가 없으면 교회가 아닙니다. 그리스도는 사랑이요 진리입니다.

그런데 지금 미혹의 영은 신비주의의 모습으로 나타나기도 하고, 새로운 옷을 입은 기독교의 모습으로 나타나기도 합니다. 그러므로 우리는 조심하고, 주의해야 합니다.

2. 돌아서게 하면 돌아선 사람의 죄가 용서됩니다.

다음으로 중요한 교훈은 우리가 많은 사람들을 돌아서게 해야 한다는 것입니다. 돌아서게 하면 돌아선 사람의 죄가 용서함 받는 것은 말할 것도 없고, 돌아서게 하는 우리 자신의 죄도 용서함을 받는다는 것입니다. 다른 사람들을 돌아서게 하는 방법으로는,

첫째로 전도를 통해서 할 수 있습니다.

둘째는 간증을 통해서 할 수 있습니다.

셋째는 교회로 인도함으로써 할 수 있습니다.

넷째는 낙심자들을 위로하고, 인도함으로서 할 수 있습니다.

솔직히 우리 교회도 낙심자들이 좀 있습니다. 저의 부덕한 이유도 있

겠지만 성도들에게 낙심하는 사람들은 제가 어떻게 할 수가 없습니다. 또 믿는 스타일이 달라서 떠나는 사람들도 있습니다. 이것은 어떻게 할 수가 없습니다. 그러나 가장 많은 것은 우리의 무관심 때문에 떠나는 경우입니다. 이것은 우리들에게 책임이 있습니다. 그러므로 우리들이 관심을 가질 수 있기를 축원합니다.

3. 낙심한 자를 돌아서게 하는 자의 축복은?

끝으로 본문은 낙심한 자를 돌아서게 하는 자의 축복을 말씀하고 있습니다. 놀라운 것은 마6:15절에서 "너희가 사람의 과실을 용서하지 아니하면 너희 아버지께서도 너희 과실을 용서하지 아니하시리라"고 했습니다. 이것은 기독교의 황금률이라고 할 수 있습니다. 남을 용서하지 않는 사람은 하나님의 용서를 믿지도 않고 받아들이지도 않기 때문입니다.

우리는 전도도 해야 하지만 중요한 것은 잃은 양들을 다시 찾아야 합니다. 소위 잃은 양 찾기 운동을 해야 합니다. 그럴 때 하나님께서는 기뻐하시며 우리들의 죄도 용서하여 주십니다. 믿습니까? 아멘.

엘리야의 기도

(왕상17:17-24)

　구약의 선지자 가운데 가장 대표적인 사람이 바로 엘리야입니다. 그래서 예수님께서 변화산에서 만났을 때에 율법의 대표인 모세, 예언의 대표인 엘리야, 복음의 대표인 예수님이 함께 만났던 것입니다.

　엘리야는 구약의 예언자 중에 가장 능력이 있는 사람이었습니다. 놀라운 이적을 베푼 사람이었습니다. 그런데 그 능력이, 그 이적이 바로 기도에서 비롯된 것을 기억해야 합니다. 오늘의 엘리야의 기도 중에서 특수한 상황에서 기도한 것 세 가지만 살펴보면서 함께 은혜를 나누려고 합니다.

　(1) 과부 아들을 살린 엘리야의 기도

　엘리야의 기도는 과부의 죽은 아들을 살리는 역사를 일으켰습니다(왕상 17:17-24절).

　엘리야가 시돈 땅 사르밧 과부의 집에서 마지막 만찬용으로 간직한 밀가루 한 움큼으로 공궤를 받았을 때에 가뭄이 끝날 때까지 밀가루와 기름이 끊이지 않는 기적이 일어났습니다. 만물을 주관하시는 하나님의 권능을 깨달은 것입니다.

　그러나 문제는 과부의 아들이 병을 앓다가 그만 죽고 말았습니다. 이것은 과부에게는 생의 의미 자체가 근본적으로 뒤흔들린 엄청난 시련이었습니다. 그러나 엘리야가 하나님께 간절히 부르짖을 때에 하나님의 놀라운 기적이 일어났습니다. 다시 살아나게 된 것입니다. 이것은 앞으로 있게 될 나사로의 부활사건의 그림자요 모형이 된 것입니다. 이것은 생명의 근원이 되신 하나님을 보게 하는 사건이었습니다.

(2) 엘리야는 기도로 하늘에서 불을 내리게 했습니다(왕상 18장).

이 사건은 갈멜산에서 일어난 일입니다. 450명의 바알 선지자와 정면 대결하게 되었습니다. 그 위기 속에서도 여유 있고 자신감 넘치는 엘리야의 모습은(27절) 우리에게 큰 인상을 줍니다. 반대로 춤을 추며 광란하는 바알 선지자들의 소란스러움은 그들의 허구성을 잘 보여줍니다. 이때에 인위적인 조작이 불가능하도록 제단을 말끔히 불로 태워버리는 하나님의 응답은 정말 하나님의 권능을 다시 한 번 깨닫게 해주십니다.

(3) 비가 오게 하는 엘리야의 기도

엘리야의 기도는 비를 오게 하는 기적을 일으켰습니다(41-46절: 약5:17절).

삼년 반 동안의 가뭄은 우상숭배를 하는 이스라엘에 대한 하나님의 심판이었습니다. 그러나 엘리야는 중보의 기도를 통해서 놀라운 이적을 일으켰습니다.

엘리야는 갈멜산에 동참했던 왕에게 이제는 더 이상 가뭄으로 인해서 걱정하지 말라는 뜻으로 먹고 마시라고 했습니다. 그리고 '땅에 꿇어 엎드려' 기도했습니다. '당신의 뜻에 복종하겠습니다.'라는 표현입니다. 다음에는 '그 얼굴을 무릎 사이에 넣고' 기도했습니다. 이것은 겸손과 간절함의 표현입니다. 바로 이때에 하나님은 그처럼 기다리던 비를 주셨습니다.

(4) 엘리야의 기도는 어떤 기도였나

그러면 엘리야의 기도는 어떤 기도였기에 이런 역사가 나타나는가?

첫째로 살아계신 하나님께 드린 기도였습니다. 우리는 기도할 때에 사람들을 의식할 때가 너무도 많습니다. 그래서 사람들에게 기도합니다. 그러나 참 기도는 하나님께 드리는 기도여야 합니다.

둘째로 하나님의 하나님 되심, 하나님의 영광을 구하는 기도였습니다 (37절). 기도의 핵심은 우리 자신을 위한 것이어서는 안 됩니다. 하나님 중심의 기도가 능력이 나타납니다.

셋째로 자신은 단순히 하나님의 도구로 사용되고 있음을 자각한 기도였습니다. 내가 기도한다고 금방 능력의 사람이 되는 것이 아닙니다. 그저 하나님의 도구로 사용된 것입니다.

넷째로 엘리야의 기도는 '주의 말씀대로' 드리는 기도였습니다. 자기의 뜻을 이루려고 하는 기도가 아니었습니다. 마 26:42절의 말씀처럼 "아버지의 원대로 되기를 원하나이다."라고 기도한 주님의 기도와 같은 기도였습니다. "어느 때까지 머뭇머뭇 하려느냐?"는 엘리야의 결단을 촉구하는 기도는 오직 하나님만을 바라보는 기도였습니다.

우리가 머뭇머뭇하는 것은 사람을 두려워하기 때문입니다. 마음의 부담 때문입니다. 내일이 있다고 생각하기 때문에 두려워하고 머뭇머뭇합니다.

끝으로 중요한 것은 엘리야의 기도는 간절한 기도였습니다. 그의 기도는 긴 기도가 아니었습니다. 짧은 기도였습니다. 그러나 천만 마디의 말보다 간절한 기도였습니다.

맺는 말

하나님은 살아계신 분이십니다. 우리의 기도의 대상은 살아계신 하나님이심을 잊지 말아야 합니다. 그러므로 하나님은 지금도 우리의 모든 기도를 응답해 주시고, 역사하십니다. 엘리야는 하나님의 사람으로서 죽은 아이도 살리는 기도를 하였고, 하늘에서 불을 내리게도 하였고, 비를 내리게도 하였습니다. 그러나 이것은 엘리야가 무슨 권능이 있었기 때문이 아닙니다. 하나님께서 그의 기도에 응답하여 주셨기 때문입니다. 그런데 중요한 것은 하나님은 엘리야의 기도뿐 아니라 지금 우리의 기도도 응답하여 주신다는 사실입니다. 물론 엘리야와 같은 기도가 밥 먹듯이 날마다 일어나는 것은 아닙니다. 그러나 하나님께서 하시고자 하시면 지금도 일어납니다. 믿습니까? 그러므로 이 시간 하나님께 기도해서 기적을 체험하는 시간이 될 수 있기를 축원합니다.

가상칠언과 그 영적 교훈

성금요일

오늘은 성금요일, Good Friday 입니다. 빌라도에게 예수님을 십자가에 못 박아도 좋다는 허락을 받은 무리가 예수님의 머리에 가시면류관을 씌우고, 손과 발에 못을 박아 고통을 당하게 한 후에 허리에 창을 찔러 물과 피를 흘리게 한 날입니다. 오늘이 있음으로 해서 저와 여러분들의 구원이 이루어졌고, 오늘이 있음으로 인해서 인류의 역사는 방향을 바로 찾은 날이기도 합니다.

오늘은 가상칠언과 그 영적 교훈을 중심으로 함께 살펴보면서 은혜는 나누려고 합니다.

예수님은 저와 여러분들을 위해서 십자가를 지셨습니다. 그 죽으심은 우리의 죄를 대속하기 위해서 하신 것이요, 우리 대신 당한 하나님의 징벌이요. 저주의 십자가를 지신 것입니다. 그때에 하신 말씀만을 살펴보려고 합니다. 사람은 마지막 말이 가장 아름답습니다. 옛말에도 '조지장사 기언야애 하고, 인지장사 기언 야선이라'고 했습니다.

그러면 주님이 마지막 하신 말씀은 무엇입니까? 일곱 마디의 말씀입니다. 이것을 가상칠언이라고 부릅니다.

1. 눅 23:34(용서의 말씀입니다)

용서는 모든 사람들이 다 필요합니다. 왜냐하면 모든 사람들이 다 죄를 지은 죄인들이기 때문입니다. 그러면 주님이 '저희를 사하여 주옵소서'라고 했는데 '저희'가 누구입니까? 빌라도와 헤롯과 대제사장과 바리새인들과 서기관들과 로마의 병정들입니다. 그 안에는 우리들도 포함된 것입니다. 바라기는 우리들도 용서할 수 있기를 바랍니다.

오늘 이 구원의 약속은 오른편에 있는 강도가 "예수여, 당신의 나라에 임하실 때에 나를 생각하소서"라고 기도한 것에 대한 응답이었습니다. 주님께 기도한 것은 다 응답이 됩니다. 지금도 됩니다. 믿습니까? 더구나 구원에 관한 기도는 응답 못 받은 사람이 하나도 없습니다. 하나님이 기뻐하는 기도이기 때문입니다.

3. 요19:26, 27(어머니에 대한 깊은 배려와 효도의 표현입니다.)

여기서 놀라운 것은 왜 예수님께서 어머니를 동생들에게 맡기지 않고, 왜 제자 요한에게 맡기었는가?입니다. 첫째는 아직 그들이 주님을 믿지 않기 때문입니다(요7:5). 둘째는 요한은 제자이면서 또 주님의 사촌이었기 때문입니다. 그러나 후에 주님의 동생 야고보는 예루살렘 교회의 감독까지 되었습니다.

4. 마27:46(세상 죄의 무거움, 하나님도 외면한 채 혼자 저주담당하심을 표현한 것입니다)

이것은 고뇌에서 나온 주님의 외침이었습니다. 여러분 예수님께서 왜 감람산에서 밤이 맞도록 기도를 했는지 아십니까? 그것은 예수님이 가지고 계신 인간성과의 싸움이었습니다. 그것이 너무도 힘이 들었던 것입니다. 그래서 주님은 '나의 하나님 나의 하나님 어찌하여 나를 버리시나이까' 하면서 부르짖었던 것입니다.

5. 요19:28(예수님의 인성을 증거, 우리의 모든 갈증을 해소하시는 원동력이 되는 기도입니다).

내가 목마르다는 주님의 부르짖음은 저와 여러분들에게는 그런 목마름이 없도록 하시려는 고통의 목마름이셨습니다. 주님이 목마름으로 우리는 시원함을 얻을 수 있게 되었고, 참 만족을 누리게 된 것입니다.

6. 요19:30(구원사역의 완성, 승리의 선포입니다)

이 선포는 기쁨의 선포이기도 합니다. 그러므로 우리가 할 일은 없습니다. 오직 받기만 하면 됩니다.

7. 눅23:46(잠자리에 들어갈 때의 기도 내용, 확신의 기도입니다)

저와 여러분 우리 모두가 죽을 때에 다시 깨어날 것을 믿는 이런 기도가 있기를 바랍니다. 그러면 인생을 사는 우리들의 자세가 바뀌게 될 줄로 믿습니다.

행함이 없는 믿음

(약2:14-26)

흔히 믿음이란 교회에 나가는 것, 머리로 예수님이 주님인 것을 인정하는 것으로 착각하고 있습니다. 믿음에 그런 면이 없는 것은 아닙니다. 그러나 그것이 참 믿음은 아닙니다. 왜냐하면 그런 믿음은 우리를 구원하지 못하기 때문입니다. 그러면 믿음에는 어떤 것이 있으아 하며 참 믿음이란 무엇입니까?

1. 믿음의 종류

(1) 형식적인 믿음이 있습니다.

예수 믿는 가정에 태어나 세례 받고, 예배 시간에 빠지지 않고, 봉사도 열심히 하고, 그런데 간증이 없고, 주님과의 개인적인 관계가 없는 사람들이 있습니다. 형식적인 믿음입니다. 마치 영혼이 없는 육체와 같습니다.

(2) 뿌리가 없는 믿음도 있습니다

때로는 눈물도 흘리고, 감격도 있는데 얼마 지나고 나면 변하는 사람들이 있습니다. 마치 꺾꽂이한 꽃처럼 하나도 부족한 것이 없는 것 같은데 얼마 지나고 나면 시들고 맙니다. 뿌리가 없는 믿음입니다.

(3) 병든 믿음도 있습니다.

믿음도 사람처럼 때로는 병이 들 때가 있습니다. 우리가 살다 보면 감기도 들고, 배도 아프고, 소화도 안 되고, 열도 나고 하듯이 믿음도 많은 시련이 있습니다. 건강하지 못한 믿음이 있다는 말씀입니다. 그런 믿음은 고치지 않으면 열매를 맺을 수 없고, 앉은뱅이처럼 항상 남들에게 업혀다니는 경우입니다.

(4) 아이처럼 덜 자란 믿음도 있습니다.

초신자들은 아무리 뜨거워도 아직 자라지 못한 믿음입니다. 그래서 누가 도와주어야지 혼자의 힘으로는 아무것도 할 수 없습니다. 그러나 참 믿음은 장부의 믿음처럼 스스로 설 수 있어야 합니다. 열매를 맺어야 합니다.

(5) 겨자씨처럼 살아있는 믿음도 있습니다.

산 믿음은 특징이 있습니다. 첫 째로 자랍니다. 둘째로 꽃이 피고 열매를 맺습니다. 셋째로 간증이 있고, 고백이 있습니다. 넷째로 행함이 따릅니다.

2. 믿음과 행함의 관계

(1) 행함이 없는 믿음은 헛되고 죽은 것입니다.

마치 '노'와 같아서 함께 저어야, 믿음과 행함이 함께 가야 합니다. 행 16:31절에 보면 바울은 '믿기만 하면 구원을 받는다'고 했는데 본문에서는 '행함이 없는 믿음은 헛되고, 죽은 것이라'고 했습니다. 이것은 서로 상충되는 것처럼 보입니다. 그러나 이것은 서로 보완적이지 서로 상충되는 것은 아닙니다.

(2) 열매로 그 나무를 알 수 있듯이 믿음도 행함을 보면 알 수 있습니다.

왜냐하면 믿음은 뿌리요 행함은 그 열매이기 때문입니다. 우리는 열매로 그 나무를 알 수 있습니다.

(3) 믿음은 단순히 교리 이상입니다.

유대인들은 신명기 6:4절의 말씀을 항상 반복하여 고백합니다. 오 이스라엘아 들으라 주 하나님은 우리의 여호와이시니라.

그러므로 우리는 '구원하는 믿음'을 가져야 합니다. 세상에는 거짓된 믿음도 적지 않습니다. 믿음이면 다 믿음인가? 구원하는 믿음이라야 참 믿음이지. 믿음은 머리로만 받아들이는 것도 아닙니다. 아주 실제적인 것입니다. 놀라운 것은 19절의 말씀입니다. "귀신도 믿고 떠느니라". 귀신은 믿지만 구원을 받지 못합니다. 왜 그렇습니까? 참 믿음이 아니고, 머리로만 입으로만 인정하는 것이기 때문입니다. 그런데 많은 사람들이 이것에 미혹되고 있습니다. 마치 믿음이 있는 것처럼.

(4) 행함이 없으면 그 믿음은 소용이 없습니다

여기서 중요한 것은 행함이 하나님의 심판의 기준이란 점입니다. "구슬이 서 말이라도 꿰어야 보배"라는 말이 있습니다. 아무리 훌륭한 믿음이라도 행함이 없으면 소용이 없다는 말입니다. 하나님께서 심판하실 때에 두 가지 기준이 있습니다. 믿음은 구원의 근거가 됩니다. 행함은 상급의 기준이 됩니다. 그러므로 이 두 가지가 다 중요합니다. 그런데 여기서 열매로 나무를 알 수 있듯이 참 믿음은 반드시 행함이 따른다는 사실입니다. 사람이 종이로 만든 조화가 있습니다. 요즈음에는 향기까지 나도록 만들기도 합니다. 그러나 조화는 조화이지 참 꽃은 아닙니다. 마찬가지로 행함이 없는 믿음은 조화처럼 죽은 것입니다.

(5) 참 믿음의 두 가지 예를 들겠습니다.

하나는 아브라함의 경우요 또 다른 하나는 기생 라합의 경우입니다. 아브라함은 아들 이삭을 제물로 바치려고 한 데서 그의 행함이 구체적으로 나타났습니다. 기생 라합은 자신의 생명의 위험을 무릅쓰고, 정탐꾼을 접대하여 살려 주었습니다. 이처럼 믿음은 행함이 따릅니다. 그래서 성경은 말합니다.

　"영혼 없는 몸이 죽은 것같이 행함이 없는 믿음은 죽은 것이라"

복 있는 사람은?

(롬4:4-8)

성경은 우리들에게 복을 주시기 위해서 기록된 말씀입니다. 사실 우리는 복을 받기를 바라면서도 첫째로 무엇이 복인지도 모르고, 둘째로 또 어떻게 해야 복을 받는지도 모릅니다. 그래서 복을 받지를 못합니다. 이제 중요한 것은 우리들이 복의 근원이 되신 하나님께서 뜻하는 것이 무엇임을 알아야 합니다. 오늘의 말씀 가운데 복 받는 두 가지 원리를 말씀하고 있습니다.

1. 복중에 최고의 복은 사죄의 은총입니다.

롬 4:7절에 "그 불법을 사하심을 받고, 그 죄를 가리우심을 받는 자는 복이 있고"라고 했습니다. 복중에 최고의 복은 사죄의 은총입니다. 왜냐하면 우리들이 복을 받지 못하는 근본 원인이 죄가 우리와 하나님을 가로막고 있기 때문입니다. 그러므로 우리들에게 근본적으로 필요한 것은 바로 사죄의 은총입니다. 믿습니까?

그러므로 오늘 말씀을 듣는 모든 분들에게 하나님의 사죄의 은총이 함께 하셔서 복을 받을 수 있는 마음 그릇이 준비되기를 바랍니다.

오늘 여기서 예로 든 것은 바로 다윗입니다. 다윗은 삼하 11장에 보면 큰 죄를 저질렀지만 하나님께서 그의 죄를 용서하여 주셨습니다. 이것이 바로 그 증거입니다. 다윗은 단순히 용서함 받은 것으로 끝난 것이 아니라 이스라엘 역사상 가장 위대한 인물이 되었습니다. 하나님과

다윗을 가로막는 죄의 용서함을 받았기 때문입니다. 그러므로 기독교의
축복은 용서함 받는 데서 시작합니다.

우리가 범한 불법이 무엇입니까? 그리스도를 믿지 않는 것이 불법이
요, 죄를 짓는 그 자체가 불법(요일3:4)입니다.

그러면 무엇이 용서입니까? 하나님께 범한 죄를 우리들에게 돌리지
않는 것입니다. 죄의 삯은 사망인데 그것을 우리들에게 돌리지 않는 것
이 바로 용서입니다. 죄를 가려주는 것이 용서입니다. 그런데 이 용서
는 거저 주시는 것이 아니라 예수님께 대한 신앙을 가질 때 이루어지는
것입니다. 그러므로 우리 모두가 다 용서함 받는 축복을 받을 수 있기
를 축원합니다.

2. 참된 축복은 이신칭의를 받은 사람입니다.

롬4:8절에 "주께서 그 죄를 인정치 아니하실 사람은 복이 있도다."고
했습니다. 위에서 말한 것과 같은 내용입니다만 그러나 조금 다른 방향
에서 말씀하고 있습니다.

다시 말하면 이 8절은 7절과 같은 내용입니다만 여기서는 아브라함
을 예로 든 것입니다. 여기서 '인정합니다. 인정치 않는다'는 말은 신학
적으로 대단히 중요한 단어입니다. 인정한다는 말은 그렇게 '계산한다'
는 뜻입니다. 그렇게 '여긴다'는 뜻입니다. 하나님께 범한 죄를 계산하지
않고, 없는 것으로 여기는 자는 복이 있다는 뜻입니다. 다른 말로 말하
면 믿음으로 말미암아 의롭다 하심을 받는 자는 복이 있다는 뜻입니다.
그렇습니다. 누구든지 이신칭의를 받은 사람은 참으로 복이 있는 사람
입니다.

그러므로 우리들에게 최고의 축복은 믿음으로 의롭다하심을 받은 사
람입니다.

맺는 말

구약 성경에 나오는 대표적 인물은 첫째는 아브라함이요, 둘째는 다윗입니다. 아브라함은 믿음으로 의롭다 하심을 받은 대표적 인물이요 다윗은 비록 죄는 지었으나 용서함 받은 사람입니다. 우리들에게도 이런 축복이 넘치기를 축원합니다.

아브라함의 신앙

(롬4:1-8)

아브라함은 이스라엘 백성들에게는 절대적 위치에 있는 인물입니다. 왜냐하면 그가 바로 히브리 민족의 시조이기 때문입니다. 그러나 히브리 민족이 아닌 우리들에게도 아브라함은 대단히 중요한 위치에 있습니다. 그는 바로 신앙의 조상이기 때문입니다.

본문에서 다루는 것은 '사람이 어떻게 할 때에 의롭다함을 받는가?'에 대한 해답을 주고 있습니다. 구약에서 '의'란 말은 하나님의 규범을 따르는 것을 말합니다. 신약에 와서는 예수님의 십자가를 통해서 나타난 하나님의 의를 말합니다. 우리는 이 하나님의 의를 덧입어야 합니다. 이것이 의롭다고 인정받는 것입니다.

1. 아브라함은 어떻게 의롭다함을 받았는가?

(1) 행위로 의롭다함을 받지 않았습니다.

이것은 아브라함의 행위가 결코 우리들에게 표준이 되지 못하기 때문입니다. 그러나 하나님은 아브라함을 기뻐하셨고 그를 택하여 세우셨습니다. 심지어 나의 친구라고까지 부르셨습니다. 아브라함과 언약도 맺으셨습니다.(창12:1)

(2) 하나님을 믿음으로 의롭다함을 받았습니다.

놀라운 것은 이 믿음이 절대적인 순종으로 끝까지 이어졌다는 점입니다. 창 22:2절에서 아들 이삭을 번제로 드리라고 했을 때에 그는 주저하지 않았습니다. 그래서 12절에서 '내가 이제야 네가 하나님을 경외하는 줄을 아노라'고 인정해주셨습니다.

2. 일하는 자의 경우(44-5절)

(1) 행위는 하나님께서 주시는 임금입니다.

우리가 일할 때 누군가가 우리에게 빚을 지는 것입니다. 그래서 돈으로 보상하기도 합니다. 그런데 하나님은 자족하신 분이십니다. 그러므로 우리가 하나님을 위해서 어떤 행위를 했다면 이것은 하나님께 갚아야 하는 빚이 됩니다.

(2) 우리가 하나님을 믿는 것은 의를 뜻합니다.

따지고 보면 우리는 경건치 않은 자입니다. 하나님은 경건치 않은 자를 외면하십니다. 따라서 우리는 하나님의 도우심이 필요합니다. 오직 하나님만을 믿으면 해결됩니다. 이 믿음을 하나님은 의롭다고 하신 것입니다. 창 15:6절에 "아브라함이 여호와를 믿으나 여호와께서 이를 그의 의로 여기시고".

3. 다윗의 경우(6-8)

본문에 보면 시편 32:1-2절을 인용하고 있습니다. 여기에 보면 복 있는 사람이 누구인가를 말씀하고 있습니다.

(1) 일한 것 없이 의롭다고 인정받은 사람이 복이 있다고 했습니다.

'여기다'란 말은 '계산하다'(count), 하나님의 계산(예금)에 집어넣다라는 뜻입니다.

(2) 죄가 사함을 받고 가리움을 받은 자가 복이 있다고 했습니다.

4. '이신득의', '의신칭의'의 교리

　오늘 본문에서 바울의 유명한 '이신득의', '의신칭의'의 교리가 확립됩니다. 이 말씀은 구약의 하박국 2:4절에 나온 말씀을 인용한 것입니다. 그러면 하박국서의 말씀의 뜻은 무엇입니까? 의인=하나님의 사람 ; 그 믿음=그의 하나님을 향한 신실한 충절 ; 살리라=하나님의 끝이 없는 은혜를 누리리라.

　이 구절은 창세기 15:6절에 나오는 말씀이기도 합니다. 이것이 바울에게 와서 롬 4:3절과 갈라디아서 3:6절에서 열매를 맺게 됩니다. 그러나 이 말씀의 뜻은 믿음이 의의 근거가 된다는 뜻은 아닙니다.

　만약 믿음 자체가 의의 근거가 된다면 우리들에게는 믿음 자체가 공로가 될 것이기 때문입니다. 구원은 전적으로 하나님의 은혜입니다. 우리가 한 것은 아무것도 없습니다. 다만 우리는 받아만 들이면 됩니다. 이것을 믿음이라고 부릅니다.

　믿음이 무엇입니까? 믿음이란 주님을 '꼭 붙잡는 것'입니다. 믿음이란 모든 죄와 문제를 '주님께 내어맡기고 전적으로 그를 의지하는 것'이 바로 믿음입니다. 이런 믿음이 저와 여러분들에게 충만하기를 주님의 이름으로 축원합니다.

참 감사는

(롬 12:1-2)

오늘은 추수감사절 절기의 마지막 날로서 참 감사에 대해서 함께 살펴보려고 합니다. 로마서는 크게 두 부분으로 나누어집니다. 제1부는 1-11장까지로서 교리에 관한 말씀으로 되어 있습니다. 어떻게 하면 하나님 앞에서 의롭다 함을 받는가? 성화의 방법은 무엇인가? 제2부는 12-16장까지입니다. 여기에는 윤리에 관한 말씀이 나옵니다. 어떻게 살아야 할 것인가를 말씀하고 있습니다.

오늘은 윤리에 관한 부분에 관해서 말씀을 드리겠습니다. 먼저 윤리가 무엇인가부터 말씀을 드리겠습니다. 윤리란 '사람이 사람답게 사는 것'이 윤리입니다. 사람은 타락하면 동물처럼 살게 되고, 성화가 되면 천사처럼 살 수가 있는 중간적 존재입니다. 그런데 사람이 사람답게 살려면 몇 가지의 기본 조건이 있습니다. 그 첫째가 우리 몸을 하나님이 '기뻐하는 산 제사'로 드리는 것입니다. 산 제사와 '죽은 제사'의 차이점이 무엇입니까? 구약 시대에는 죽은 제사를 드렸습니다. 동물을 잡아서 죽여 피를 드린 것입니다. 그러나 그 동물의 피가 우리의 죄를 사해주는 것은 아닙니다. 그것은 십자가의 모형으로서 주님의 보혈을 상징할 뿐 다른 의미가 있는 것은 아닙니다. 그러나 이제 하나님이 가장 원하는 것은 산 제사입니다. 산 제사란 내 몸을 드리는 것을 말합니다. 나의 인격과 내 생애를 하나님께 바치는 것을 말합니다. 다른 말로 말하면

'온전한 헌신'이 바로 영적 예배입니다. 어떻게 드리라는 것입니까? 6장 13절에 보면 '의의 병기'로 드리라고 했습니다. 우리 신자는 주님께서 우리를 대신해서 다 이루셨기 때문에 이제는 율법 아래 있지 않고 은혜 아래서 살기 때문에 죄로부터 해방된 것입니다. 따라서 이제는 더 이상 죄가 우리를 주관하지 못합니다.

구약의 율법은 '행하라. 그리하면 살리라'고 말합니다. 그런데 문제는 우리가 선악과를 따먹음으로 선을 행할 능력이 없는 상태에 있는 것입니다. 그러나 주님은 '먼저 하나님의 축복을 받고 이어서 행위와 열매가 맺히도록 하기 때문에 '생명을 얻고 행하라'고 말합니다.

이것이 바로 하나님이 기뻐하는 영적 예배입니다. 영적 예배란 말은 헬라어로 '로기켄'이란 말인데 이것은 로고스란 말에서 유래한 단어입니다. 즉 '합리적'(reasonable). '힙딩힌'이란 뜻입니다. 그래서 이제 우리가 해야할 일은 우리의 몸을 하나님이 기뻐하시는 산제사로 바치기만 하면 됩니다. 이 예배를 하나님이 가장 기뻐하십니다. 즉 인격적 헌신을 하나님이 가장 기뻐하신다는 뜻입니다.

2절은 윤리의 구체적인 내용이 나옵니다. 헌신의 유지를 위한 방법이기도 합니다. 이것은 기독교적 인생관의 확립이기도 합니다. 먼저 하지 말아야 할 것이 있습니다. 그것은 '이 세대를 본받지 말라'고 했습니다. 다음은 마음을 새롭게 해야 한다고 했습니다. 중생해야 한다는 뜻입니다. 새롭게 태어나야 한다는 뜻이기도 합니다. 하나님만을 바라보는 기독교적 인생관의 확립을 말씀한 것입니다. 마지막으로 구별된 생활을 하는 것이 바로 기독교 윤리이고, 이것이 하나님께 감사하는 생활입니다. 감사하는 생활은 아주 간단합니다. 구별하는 생활을 하면 됩니다.

그러면 무엇을 구별해야 합니까?

세 가지를 구별하라고 했습니다.

첫째는 "하나님의 선하시고", 즉 선과 악을 구별하라고 했습니다. 하나님께서는 인간에게선과 악을 구분하게 하기 위해서 양심이란 것을 주어서 선과 악을 판단할 수 있도로 판단 능력을 주셨습니다. 그런데 안타깝게도 아담이 선악과를 따먹음으로서 양심이 병이든 것입니다. 그래서 우리 인간에게는 온전한 판단능력이 살아졌습니다. 그래서 주신 것이 십계명을 비롯한 기록된 양심을 주신 것입니다. 그뿐 아니라 예수 그리스도를 통해서 우리 대신 심판을 받게 해서 즉 십자가에서 죽게 하심으로 용서함을 받게 길을 열어주신 것입니다. 그러므로 병든 인간의 양심을 따라 살지 않고 오직 하나님의 말씀인 성경의 말씀대로 따르면 되는 것입니다.

둘째는 "기뻐하시고", 하나님이 기뻐하시는 것이 무엇이며 싫어하는 것이 무엇인지를 구별하라고 했습니다. 그러나 우리의 힘으로는 하나님이 기뻐하시는 것이 무엇인지도 모르고 알아도 행할 수 있는 능력이 없기 때문에 삼위일체 되신 성령을 통해서 우리를 인도해주셔서 따르기만 하면 거룩하게 되도록 해주시는 것입니다. 중생 즉 거듭나기 전에는 선과 악을 바로 알지도 못했지만 그러나 이제는 성경이 우리의 표준이 되고 성령께서 우리를 인도하시기 때문에 우리는 어린아이가 엄마의 손을 잡고 걸어가듯이 성령과 함께 가면 되는 것입니다.

마지막 셋째는 온전하신 뜻이 무엇인지 분별하도록 하라고 했습니다. 다시 말하면 하나님의 뜻이 무엇인지, 사람의 뜻이 무엇인지 구별하도록 하라는 말씀입니다. 물론 우리에게는 공자와 맹자나 석가모니 같은 위대한 인물이 있지만 그들은 아담의 후손일뿐 거듭난 영들이 아니기 때문에 하나님 앞에서는 도토리 키제기같기 때문에 그리스도의 보혈로 거듭난 신자들은 성경말씀대로만 가면 천국가지까지 우리를 안전하게 인도해주실 것입니다. 할렐루야, 아멘.

버리지 아니 하시는 하나님

(롬11:1-10)

이 세상에서 버림받았다는 것만큼 우리의 자존심을 상하게 하고, 때로는 절망을 주는 것도 드물 것입니다. 최근에는 직장에서 조퇴니 명퇴라는 이름으로 직장에서 쫓겨나는 경우가 많습니다. 학교에서 버림받은 학생은 갈 데가 없습니다. 가정에서 버림받은 자식은 정말 절망적입니다. 남편에게 버림받은 아내, 아내에게 버림받은 남편, 괴롭기는 마찬가지입니다. 이것은 종교적으로도 마찬가지입니다. 우리는 가끔 하나님께서 과연 나를 버리신 것은 아닌가? 하는 의심이 들 때가 있습니다. 그런 우리들에게 하나님은 말씀합니다. '내가 너희를 버리지 않노라. 절대로 버리지 않노라'. 믿습니까?

1. 놀라운 것은 6절의 말씀입니다.

이 구절은 왜 우리들을 버리지 않는가 하는 이유를 말씀한 것입니다. 여기에 보니까 우리가 하나님께 인정받고 복을 받고, 구원을 받는 것이 행위로 말미암지 않는다고 했습니다(6절). 다만 은혜로 말미암습니다. 믿습니까? 그러므로 절망하지 말기를 바랍니다. 이 말씀이 여러분들에게 위로가 되고, 힘이 될 수 있기를 축원합니다.

2. 지금 우리들의 모습은?

9절과 10절은 이스라엘의 모습을 말씀하고 있습니다. 그러나 따지고 보면 그것이 바로 우리의 얼굴입니다. 우리의 모습입니다. 한 번 본문을 살펴보기를 바랍니다.

(1) 먹고 마시는 문제

먼저 우리의 밥상이 올무와 덫과 거치는 것과 보응이 되고 있습니다. 이 먹고사는 게 무엇이기에 이것 때문에 우리는 죄짓고, 남을 속이고, 남을 괴롭히고 있습니다. 목구멍이 포도청이란 말도 있지만 먹는 것 때문에 우리는 죄를 많이 짓고 있습니다.

(2) 영적인 장님

눈은 흐려서 보지 못한다고 했습니다. 영적인 시각이 좋지 않다는 말입니다. 안개가 낀 것처럼 흐려서 보이지 않는 것입니다. 영의 세계가 보이지 않으면 세상 것만 보고 그것이 전부인 것처럼 착각을 합니다.

(3) 바르지 못한 태도

등은 항상 굽어 있습니다. 위를 향해 있지 않고, 세상으로 향해 있기 때문입니다. 이것이 선민 이스라엘의 모습입니다. 그러나 그것이 우리의 모습이 아니라고 말할 수 없습니다.

3. 우리를 버리지 않는 하나님

그러나 그럼에도 불구하고 하나님은 우리들을 버리지 않는다고 약속했습니다. 할렐루야. 1절을 다 같이 함께 읽기를 바랍니다. "그러므로 내가 말하노니 하나님이 자기 백성을 버리셨느뇨? 그럴 수 없느니라". 이번에는 제가 물을 때에 여러분들은 '그럴 수 없습니다'라고 큰 소리로 대답하시기를 바랍니다.

"하나님이 우리들을 버리셨습니까?"

"그럴 수 없습니다."

"하나님이 우리의 죄를 보시고 우리들을 팽개쳐 버렸습니까?"

"그럴 수 없습니다."

"하나님이 우리의 연약함을 그냥 내버려 두십니까?"

"그럴 수 없습니다." 이처럼 하나님은 우리들을 결코 버리지도 잊으시지도 않으십니다.

4. 왜 하나님은 우리들을 버리지 않습니까?

첫째로 우리와의 약속을 지키기 위해서입니다. 우리가 믿는 하나님은 언약의 하나님이십니다. 그래서 항상 말씀하신 언약은 상대인 우리가 어떻게 하든 다 지키십니다.

둘째는 하나님은 사랑이시기 때문입니다. 우리는 자녀들을 사랑하기 때문에 절대로 그냥 내버려두지 않습니다. 사랑은 절대로 포기하지 않습니다. 버리지 않습니다.

셋째는 우리는 다 택한 백성들이요 남은 자들이기 때문입니다. 우리의 공로로 택함을 받은 것은 아닙니다. 하나님의 주권 속에서 우리들을 택하여 주셨습니다. 그러므로 하나님은 우리들을 절대로 버리지 않습니다. 믿습니까?

그러면 하나님이 우리들을 버리지 않으시는 것을 어떻게 알 수 있습니까?

첫째로 날마다 우리들을 인도하시는 것을 보아 알 수 있습니다.

둘째로 우리들을 연단하는 것을 보아 알 수 있습니다.

셋째로, 가장 중요한 것은 성경에 기록되어 있는 약속의 말씀을 통해서 알 수 있습니다. 성경은 세월의 흐름에 관계없이 영원합니다.

오늘 본문 1절과 2절에 분명히 약속했습니다. 그러므로 이 약속의 말씀에 근거해서 하나님의 영원한 사랑을 믿으시기 바랍니다. 날마다 힘

있게 살기를 바랍니다. 소망을 가지시기 바랍니다. 세상은 변해도 우리 주님은 영원토록 변함이 없으십니다. 아멘. 그러므로 하나님은 절대로 절대로 저와 여러분들을 버리지 않으십니다.

종일 손을 벌리시며 기다리시는 하나님

(롬10:16-21)

오늘은 특별히 21절의 말씀을 중심으로 함께 은혜를 나누려고 합니다. 저는 솔직히 로마서를 많이 읽으면서도 롬 10:21절의 말씀을 그냥 읽었고, 그냥 지나갔습니다.

그러나 지난 화요일 새벽 3시에 교회에 와서 기도하는 동안에 이 말씀이 제 마음에 강하게 다가왔습니다. 왜 하나님은 손을 벌리시는 것일까? 이런 때에 나는 어떻게 해야 하는가? 하는 주의 음성이 강하게 다가왔습니다.

1. 왜 하나님은 종일 손을 벌리시는가?

(1) 벌리신 하나님의 손

하나님은 그의 품을 떠난 자들을 찾기 위해서 손을 벌리시는 것입니다. 다시 말해서 손을 벌리신 것은 찾기 위해서입니다. 그렇다면, 우리들이 무엇인가 잃은 것이 있을 것인데 그것이 무엇입니까? 양심입니까? 믿음입니까? 아니면 나 자신입니까?

(2) 은혜를 주시려는 손

은혜를 주시려고 종일 손을 벌리신다고 성경은 말합니다. 우리에게 주신다는 말은 우리에게 아직도 부족한 것이 많이 있다는 뜻입니다. 물질만 부족한 것이 아닙니다. 믿음이 부족하고, 사랑이 부족하고, 덕이 부족하고, 은혜가 부족하고, 용서가 부족하고, 기도가 부족하고... 왜 하나님이 그처럼 많이 주시는데 우리는 부족할까요? 교만해서 받지 않기 때문입니다. 구하지 않기 때문입니다. 믿지 않기 때문입니다. 그러므로 이 시간 우리가 받을 수 있기를 축원합니다.

(3) 우리를 일으키기 위해 내민 손

넘어져서 허우적거리는 우리들을 '일으키기 위해서' 하나님은 손을 벌리시는 것입니다. 왜 우리가 넘어졌습니까? 무엇 때문에 넘어졌습니까? 어디서 넘어졌습니까? 우리는 다시 일어나야 합니다. 우리를 일으키시는 주님의 손을 잡고 다시 일어나야 합니다. 그래서 본래의 자리로 돌아가야 합니다.

(4) 사랑으로 안아주시는 손

아버지가 자녀를 안아주시듯이 하나님께서는 우리들을 사랑하고 안아주시려고 손을 벌리시는 것입니다. 이제 우리는 세상의 품에서 벗어나 주님의 품에 안겨야 합니다. 주님의 품만이 안식이 있습니다. 주님의 품만이 따뜻한 사랑이 있습니다. 왜 우리는 허무한 것만을 잡으려고 손을 벌리고 있습니까? 그러므로 이 시간 주님의 품에 안기시는 시간이 되기를 축원합니다.

그런데 여기서 하나님께서 종일 손을 벌리셨다고 했는데 이 '종일'이란 단어가 아주 중요한 말씀입니다. 이 종일이란 말은 '매일'이란 뜻입니다. '계속적으로'란 뜻입니다. 얼마나 놀라운 하나님의 사랑입니까? 그런데 우리는 그것을 깨닫지 못하고 세상길로 자꾸만 가고 있습니다. 지금이야말로 돌이킬 시간입니다. 지금이야말로 변화되어야 할 시간입니다.

2. 손을 벌리고 계신 하나님 앞에서 우리가 가져야할 자세

그러면 종일 손을 벌리고 계시는 하나님 앞에서 우리는 어떻게 해야 합니까? 그것을 결정하기 전에 우리는 이스라엘 백성들이 어떻게 하였는가를 알아야 합니다. 왜냐하면 역사만큼 좋은 본보기는 없기 때문입니다. 역사는 가장 중요한 교과서이기 때문입니다. 그런데 오늘 21절에 보니까,

(1) 불순종함

이스라엘 백성들은 '순종치 아니하고' 즉 불순종했다고 했습니다. 바로 이 불순종이 문제입니다. 저와 여러분, 우리는 지금 불순종하고 있지는 않습니까?

(2) 거슬려 말함

또 이스라엘 백성들은 '거슬려 말하는' 자들이었다고 했습니다. 즉 거역자들이었습니다. 그래서 결과적으로 하나님의 은혜는 선민인 이스라엘을 떠나서 이방인들에게로 향하였습니다. 우리가 우리의 사명을 감당치 않고, 하나님의 은혜를 당연한 것으로만 생각한다면 우리는 이미 얻은 것을 잃고 말 것입니다. 그러므로 지금도 종일 손을 벌리고 기다리시는 하나님의 마음을 상하지 않게 해야 합니다. 그의 뜻을 깨달아 이루어 드려야 합니다. 그러려면 지금까지 살아왔던 우리의 헌 옷을 먼저 벗어야 합니다. 그리스도의 옷으로 갈아입어야 합니다. 그리고 우리의 손에 쥐어준 것을 가지고 하나님께 온전히 헌신해야 합니다. 하나님은 지금도 헌신자를 찾고 있습니다. 그러므로 그 헌신자를 찾고 계시는 손 벌리신 하나님의 품에 우리 모두 안겨 그의 쓰임에 사용될 수 있기를 축원합니다.

참음으로 기다릴지니라

(8:21-25)

　제가 지금까지 살아오면서 성공의 비결 가운데 가장 중요한 것의 하나로 깨달은 것은 바로 '참는 것'입니다. 부부관계도 참아야 합니다. 부부싸움 안 하는 사람이 어디 있습니까? 다 하지만 잘 참는 부부는 행복하게 삽니다. 그러나 참지 못하는 부부는 결국 이혼하고 맙니다. 뭐 이유야 성격이 안 맞는다느니, 뭐가 어떻다느니 합니다만 세상에 성격이 완전히 맞는 부부가 어디 있습니까? 남자와 여자는 근본적으로 서로 안 맞게 되어 있습니다. 그래서 좋은 것입니다. 그래서 행복한 부부가 되려면 이것을 조화시키며 사는 것입니다.

　아니 옛날 우리의 부모들은 얼굴도 못 보고, 결혼해도 이혼이란 단어를 모르고 살았는데 왜 이민사회는 4분의 1 이상이 결손가정이 됩니까? 참지 못해서 그렇습니다. 공부도 끝까지 하는 사람은 머리 좋은 사람이 아니라 참는 사람입니다. 목회 성공도 참는 사람이 합니다. 그래서 오늘 저녁에는 참음으로 성공하고, 참음으로 복받는 비결을 함께 살펴보려고 합니다.

1. 피조물의 바라는 것은?

우리가 바라는 것은 무엇입니까?

(1) 썩어짐의 종노릇하는 데서 해방되는 것입니다.

(2) 피조물이 바라는 것은 하나님의 자녀들이 영광의 자유에 이르는 것이라고 했습니다.

2. 우리가 참으로 바라며 탄식해야 하는 것은?

(1) 양자될 것을 바라야 합니다.

우리는 하나님의 적자가 아닙니다. 예수님뿐입니다. 그러므로 우리가 자녀가 되는 비결은 하나님의 양자가 되는 것입니다. 양자는 낳은 자녀는 아니지만 법적으로 자녀가 누리는 모든 법적인 축복을 다 누립니다. 가장 중요한 것은 바로 상속자의 지위를 갖게 됩니다. 할렐루야.

(2) 몸의 구속을 기다려야 합니다.

지금 우리의 몸과 영혼은 병들기 쉽고, 부서지기 쉽고, 상하기 쉽습니다. 그러나 부활할 때 변하게 되는 몸은 영광의 몸입니다. 썩지 않고 상하지 않는 몸입니다. 바로 이런 영광의 몸, 다른 말로 말하면 몸의 구속을 기다리는 것입니다.

3. 구원은 믿음으로 말미암아

우리가 구원을 받는 것은 두 말할 필요 없이 믿음으로 말미암아서입니다. 그러나 믿음을 가지게 되면 소망이 생기고, 계속해서 하나님을 구하고 그의 구원을 구하게 됩니다. 그래서 본문에서는 소망으로 구원을 받는다고 했습니다. 그러나 이 말씀은 소망이 바로 구원을 가져온다는 뜻은 아닙니다. 사실 믿음이 있어도 소망이 없으면 포기하게 되고, 절망하게 됩니다. 그래서 결국은 구원을 받을 수가 없습니다. 반드시 소망이 있어야 합니다. 그래야 참을 수 있고 참을 수 있는 힘이 생깁니다.

성경에는 소망에 대해서 여러 가지로 표현하고 있습니다. 롬 15:13절에 보면 하나님 자신을 소망의 하나님이라고 했습니다. 그러면 우리가 가진 소망은 어떤 것입니까?

성경에 보면 우리의 소망을 크게 열 가지로 말씀하고 있습니다. (1) 부활의 소망 (2) 약속의 소망 (3) 영광의 소망 (4) 구원의 소망 (5) 성령의 은사에 대한 소망 (6) 의의 소망 (7) 부르심의 소망 (8) 복음의 소망 (9) 영생의 소망 (10) 산 소망. 이런 소망이 우리 모두에게 함께 하시기를 축원합니다. 그러므로 소망은 성도들에게 항상 있어야 할 것 세 가지 믿음, 사랑, 소망 중에 하나입니다.

소망은 우리들에게 인내를 가져다줍니다. 소망이 없이는 아무도 인내할 수가 없습니다. 그런데 중요한 것은 이 인내가 가져다주는 열매입니다. 약 1:4절에 보면 인내는 "온전히 구비하여 조금도 부족함이 없게" 하여 준다고 했습니다. 그렇습니다. 인내는 우리를 온전하게 만들어 주고, 마침내 부족함이 없도록 만들어줍니다.

4. 누가 인내할 수 있는가?

오직 소망을 가진 자만이 참음으로 기다립니다. 그러면 인내하는 자에게 주시는 축복은 무엇입니까?

(1) 성령 받는 것도 참음으로 기다려야 합니다.

행 1:4절에 "예루살렘을 떠나지 말고, 내게 들은 바 아버지의 약속하신 것을 기다리라.

(2) 하나님의 축복도 참음으로 기다려야 합니다.

아브라함은 기다리지를 못해서 범죄했습니다. 그 결과 오늘의 후손들에게까지 불행을 가져 왔습니다.

(3) 기도의 응답도 참음으로 기다려야 합니다.

왜냐하면 기도의 응답은 금방 오는 것도 있지만 대개는 시간이 걸립니다. 애기를 낳는 것도 10달은 기다려야 하듯이, 어른이 되는 것도20

년을 기다려야 하는 것입니다.

(4) 교회성장도 참음으로 기다려야 합니다.

우리 교회가 금년에 우리가 원하는 만큼 성장하지 못한 것은 사실입니다. 이것도 참음으로 기다려야 합니다. 나무도 콱콱 크면 약해서 바람이 불면 넘어집니다. 뿌리가 내리는 것만큼만 자라야 안전합니다.

맺는 말

개인도 가정도 교회도 참음으로 기다려야 성공합니다. 하나님의 축복도 참음으로 가다려야 합니다. 성령 받는 것도 참음으로 기다려야 하고, 기도의 응답도 참음으로 기다려야 합니다. 이제 우리 모두가 참음으로 기다려 하나님의 귀하신 축복을 받을 수 있기를 축원합니다.

핵심 스마트 설교(2)

환상을 가진 젊은이들

2021년 12월 10일 1판 1쇄 인쇄
2021년 12월 15일 1판 1쇄 발행

저　자 신성종
발행자 심혁창
마케팅 정기영
마케팅 정기영
교　열 송재덕
디자인 박성덕
인쇄인 김영배
제　작 송선철
펴낸곳 도서출판 한글

우편 04116
서울특별시 마포구 신촌로 270(아현동)
수창빌딩 903호

☎ 02-363-0301 / FAX 362-8635
E-mail : simsazang@daum.net
창　　업 1980. 2. 20.
이전신고 제2018-000182

* 파본은 교환해 드립니다
* 정가 20,000원

ISBN 97889-7073-595-5-93230